Edition II • Luxembourg • Novembre 2013

Texte: Me Gaston Vogel
Conception et réalisation, Illustration
page titre, mise en page: Karin Schütz
Photos: Me Gaston Vogel

Éditeur : Books on Demand GmbH
12/14 rond point des Champs Élysées • 75008 Paris, France
Impression : Books on Demand GmbH, Norderstedt, Allemagne

ISBN: 978-2-322-03493-2
Dépôt légal : Novembre 2013

L'Essence Précieuse dans l'Oeuvre de

Marcel Proust

Une Anthologie de la Recherche du temps perdu

***   ***   ***

Composée par
Maître Gaston Vogel
Docteur en Droit
Avocat à la Cour

Dédicaces
à la mémoire de mon professeur de littérature
Leopold Hoffmann, qui m'a donné le goût des lettres – en profonde
reconnaissance

***

Pour Anise KOLTZ, notre poétesse par excellence, qui ne cesse de
ramener des »gisements profonds de son sol mental« des richesses d'une
exquise qualité.

La maison des Proust à Illers– actuellement musée.
(photo prise par l'auteur)

Preface

ette Anthologie de l'oeuvre de Marcel Proust sonne comme un manifeste d'amour. Maître Gaston Vogel ne garde pas pour lui l'objet de sa passion, il veut partager son bonheur avec d'autres, nous ouvrir les chemins qui mènent

À la Recherche du temps perdu.

Maître Gaston Vogel connaît parfaitement les méandres, les cercles et les strates qui caractérisent une oeuvre monumentale et unique dans l'histoire de la littérature mondiale.

Comme Virgile l'a été pour Dante, il sera notre guide, non pas pour nous conduire aux portes de l'enfer mais pour nous faire accéder à une sorte de paradis très particulier, dans les arcanes les plus sensibles de l'oeuvre de l'immense écrivain.

Le message d'initiation ne sera pas, bien entendu, le classique *Lasciate ogni speranza, voi ch'entrate* mais plutôt *Soyez heureux, vous qui allez découvrir un monde.*

A défaut de cercles infernaux, nous aurons droit à une promenade dans des régions bien plus aimables, ce que Samuel Beckett appelait » Les Fétiches «, les fragments les plus intimes et révélateurs d'une oeuvre effervescente dont la lecture requiert un permanent effort.

Maître Gaston Vogel nous explique que son livre est
» une initiation à l'oeuvre de Proust «.

Certes, c'est une formidable initiation pour les jeunes et les moins jeunes qui n'ont pas encore eu le plaisir d'entrer dans le jardin privé de Swann.

L'Anthologie possède aussi une grande qualité, celle de réunir de véritables » gros plans «, comme au cinéma.

Chaque » Fétiche « est une séquence qui nous invite à réfléchir et nous propose, à son tour, de revenir à nos lectures passées.

J'ai lu *À la recherche du temps perdu* en traduction espagnole vers l'âge de dix-sept ans. Je l'ai relu, en anglais, trois ans plus tard. Et lorsque j'avais vingt-cinq ans, c'est durant mon premier séjour à Paris que j'ai finalement lu Proust en français. Et il y a quelques années (bien plus tard), j'ai relu » La Recherche « du début à la fin. Je croyais donc connaître » mon Proust « puisque je l'avais fréquenté quatre fois et en trois langues.

Vanité des vanités...

Les » Fétiches « que rassemble Maître Vogel m'ont donné une leçon d'humilité. Ils sont une incitation à pénétrer

» L'essence précieuse dans l'oeuvre de Marcel Proust. «

Le premier extrait de cette Anthologie est comme il se doit,
» La madeleine trempée dans une tasse de thé «.

» *Il y avait bien des années que, de Combray, tout ce qui n'était pas le théâtre et le drame de mon coucher, n'existait plus pour mois, quand un jour d'hiver, comme je rentrais à la maison, ma mère voyant que j'avais froid, me proposa de ma faire prendre, contre mon habitude, un peu de thé. Je refusais d'abord et, je ne sais pas pourquoi me ravisai. Elle envoya chercher un de ces gâteaux courts et dodus appelés Petites Madeleines qui semblent avoir été moulés dans la valve rainurée d'une coquille de Saint-Jacques.* «

Ce fragment nous ouvre grand les portes de » l'univers sidéral intérieur « proustien. Ainsi découpée, on retrouve avec plaisir la souplesse, la clarté et la fraîcheur de la langue de Proust lorsqu'il recrée par la mémoire autant d'impressions et de moments du passé. Il suffit de se laisser porter par le parfum que dégagent ces pages, les instants de pur enchantement

8

qu'ils nous réservent.

Maître Vogel a choisi douze » Fétiches « qui lui semblent significatifs.
À peine quelques pages pour chaque fragment. J'avoue que je n'ai pas ressenti tous ces extraits avec la même intensité, et pourtant chacun donne un éclairage particulier à l'ensemble de l'oeuvre.
Prenons, par exemple, le fragment » Il se baisse pour déboutonner ses bottines lors de son deuxième séjour au Grand-Hôtel de Balbec... «

» *Bouleversement de toute ma personne. Dès la première nuit, comme je souffrais d'une crise de fatigue cardiaque, tâchant de dompter ma souffrance, je me baissai avec lenteur et prudence pour me déchausser.* «

En quelques lignes surgit un portrait du narrateur dans ce que Constantin Stanislavski désignait comme ce » moment intime « qu'un acteur doit ressentir sur scène pour bien entrer dans son personnage, le vivre intérieurement. Le temps n'existe plus, la description d'un lieu non plus, ce qui enchante le lecteur est de surprendre cet homme qui » se baisse avec lenteur et prudence pour se déchausser « et qu'à peine le fait-il...

» *Ma poitrine s'enfla, remplie d'une présence inconnue, divine, des sanglots me secouèrent, des larmes ruisselèrent de mes yeux.* «

Et ainsi, jusqu'au douzième et dernier fragment intitulé » Le temps à l'état pur «.
Ces deux pages (2266 et 2267) du *Temps retrouvé* nous rendent palpable la joie intense de l'auteur qui vient de parcourir un si long chemin.

» *Une minute affranchie de l'ordre du temps a recréé en nous pour la sentir l'homme affranchi de l'ordre du temps.*
Et celui-là, on comprend qu'il soit confiant dans sa joie, même si le simple goût de la madeleine ne semble pas contenir logiquement les raisons de cette joie, on comprend que le mot de » mort « n'ait pas de sens pour lui; situé hors du temps, que pourrait-il craindre de l'avenir? «

Et la revoilà, » la petite madeleine « qui avait déclenché une si longue pérégrination dans l'espace et le temps. Le cercle magique se referme et l'idée de » fin « n'a plus de sens puisque l'avenir, ainsi conjuré, n'est plus menaçant. Le temps, sur Proust, n'a pas de prise.

***   ***   ***

Après » Les Fétiches «, Maître Vogel nous propose des » Récits divers «.
De cours passages d'une page, deux pages, un quart de page...
Vingt-sept récits vertigineux.
A nouveau, un choix de » perles « qui donnent tout leur éclat au projet fascinant de l'écrivain, à la beauté d'une langue française qu'on n'utilise plus guère de nos jours et que vous aurez la joie de redécouvrir dans toute sa limpidité et sa richesse.

Je remercie Maître Gaston Vogel de m'avoir fait l'honneur de me demander d'écrire ces quelques lignes pour présenter son livre.

Et je lui suis reconnaissant pour ce cadeau inestimable:
L'Anthologie de la Recherche du temps perdu m'a donné envie de me replonger dans Marcel Proust, encore une fois.

Eduardo Manet

Eduardo Manet, écrivain de langue française, né à Cuba le 19 juin 1930, célèbre pour son roman publié en 2005, Ma vie de Jesus.

Notice biographique

»Marcel Proust est né à Paris, le 10 juillet 1871.
Il était le fils du Docteur Adrien Proust, médecin des Hôpitaux, professeur à la Faculté de Médecine.

Il passa la plus grande partie de son enfance à Paris, 9, Boulevard Malesherbes, mais il allait chaque année en vacances à Illiers, chef-lieu de canton de l'Eure-et-Loir, à 24 kilomètres de Chartres, dans une riante campagne, à la limite de la Beauce et du Perche.

Il entra au lycée Condorcet à l'âge de 11 ans. Sa santé délicate l'obligeant dès cette époque à renoncer à la campagne pendant l'été, il allait passer en général un mois vers la fin de l'automne soit à Trouville, soit à Houlgate.

En novembre 1889 il s'engagea, sous le régime du volontariat, au 76e régiment d'infanterie à Orléans. Libéré, il passa la licence ès-lettres et commença à publier quelques articles.

On le vit beaucoup dans le monde, où il avait de nombreuses relations. Aux environs de 1900 il fit un long séjour à Venise.

Son père mourut en 1903 et sa mère en 1905.

A partir de ce moment Marcel Proust mena une vie plus retirée et se consacra de plus en plus jalousement à son œuvre.
Il en fit paraître le premier volume à la fin de 1913.

Il est mort le 18 novembre 1922.«

NRF – Hommage à Marcel Proust – 01.01.1923 -

Portrait

François Mauriac a rencontré Proust pour la première fois le 3 février 1918. Dans ses écrits intimes, il nous décrit l'écrivain comme plutôt petit, cambré dans un habit très ajusté, les épais cheveux noirs ombrageant des pupilles dilatées, »*semblait-il par les drogues*«. Il était engoncé dans un col très haut, le plastron bombé comme par un bréchet.

Il arrêta sur Mauriac un œil de nocturne dont la fixité l'intimidait. Il le verra à nouveau quelques mois avant son décès. Proust l'avait invité à dîner à son chevet. A cette époque l'écrivain habitait rue Hamelin. Sa chambre était sinistre, un meublé atrocement quelconque, un âtre noir, où le pardessus servait de couverture au lit.
Proust le regardait manger à travers un masque cireux. Seuls les cheveux paraissaient vivants.
Il était déjà à demi engagé dans le non-être.
Mauriac raconte que dans sa dernière nuit, Proust dictait encore des réflexions sur la mort disant: »*Cela servira pour la mort de Bergotte*«.
Sur une enveloppe souillée de tisane on pouvait lire dans les derniers mots illisibles le nom de Forcheville:
«*Sur son lit de mort, on ne lui eût pas donné cinquante ans, mais à peine trente, comme si le temps n'eût pas osé toucher celui qui l'avait dompté et conquis.*«
François Mauriac ~ Ecrits intimes ~ Editions la Palatine – Genève-Paris 1953 ~ p. 193 et suivants.

(en haut) Illiers-sur-Combray, au fond l'église Saint-Hilaire
(en bas) Le Pays d'Illiers-sur-Combray

Avant-propos

roust est incontestablement le génie littéraire du XXème siècle, Il n'a, hormis Dostoïevski, son pareil nulle part. Les deux écrivains se trouvent dans un lien de parenté aussi étroit qu'étrange.

Ils exploreront au seuil des temps modernes l'univers sidéral intérieur – ce monde où '1'-l'espace est fait de notre sang.

»On les voit errer l'un à l'ombre de Dieu, lui sans Dieu, dans les artères de la cité souterraine, et ramener à la surface des trésors inconnus jusque-là.«

Aussi, n'est-il pas étonnant de voir Proust évoquer dans la Recherche à plusieurs reprises Dostoïevski. Il admirait en lui le grand créateur, ouvrant sous le regard ahuri du lecteur des *»puits excessivement profonds«*.
Il évoque la beauté secrète de son œuvre, une beauté qui lui rappelait Ver Meer.

*** *** ***

La Recherche est d'un abord difficile.
On ne peut en effet pénétrer l'œuvre immense qu'il nous a léguée qu'en la lisant avec une attention constamment soutenue, plume à la main, phrase après phrase.

Elle recèle un univers de signes qui se suivent à une cadence effrénée.
Le lecteur devra les décrypter, les interpréter, les traduire.

'2'-Le mot »signe« selon Gilles Deleuze est *»un des mots les plus fréquents«* de la Recherche, notamment dans la systématisation finale qui constitue le Temps retrouvé.

Et l'auteur d'ajouter que la »*Recherche se présente comme* »*l'exploitation des différents mondes des signes, qui s'organisent en cercles et se coupent en certains points*««.
C'est ce qui fait que l'œuvre requiert un permanent effort »d'égyptologue«, c'est-à-dire de déchiffreur.

La lecture n'en est rendue que d'autant plus exténuante, mais tout autant exaltante.

La Recherche est par ailleurs parsemée d'aphorismes, de maximes, de réflexions philosophiques qui font que Proust et Montaigne se trouvent dans un tel lien de parenté '3'-que Jean-François Revel a pu écrire dans son »Sur Proust« que tant pour Montaigne que pour Proust, »*il ne s'agit pas de construire une vision de l'homme, mais de le voir, et pour cela d'écarter les obstacles qui empêchent de le voir*«.

Pour les deux vaut la disponibilité à faire »*taire l'appétit d'expliquer, de juger, de comprendre trop vite, pour laisser affleurer l'événement psycho-physiologique et lui accorder le temps de se dégager pour l'écouter en le déformant le moins possible.*«

Dans le »Temps retrouvé« nous lisons que les excuses ne figurent pas dans l'art, les intentions n'y sont pas comptées, à tout moment l'artiste doit écouter son instinct.

*** *** ***

Nous avons choisi comme titre de cette Anthologie
»L'Essence précieuse dans l'œuvre de Marcel Proust«.

'4'-Par essence nous entendons l'essence esthétique.
Dostoïevski, évoquant la création littéraire, donnait comme réponse à la question de savoir à quoi se reconnaît la valeur artistique d'une œuvre

16

d'art: »*A ce que l'on constate un accord aussi complet que possible entre l'idée artistique et la forme dans laquelle elle est incarnée.*« »Cet accord entre l'idée et la forme est la finalité esthétique qui se constitue, dit l'auteur, en un système abstrait de structures d'ordre esthétique«.

Il est précise-t-il, »le centre de l'essence esthétique, qui est la pénétration de l'ensemble des structures« Proust dans le Temps retrouvé énonce une idée similaire quand il écrit: «*la recréation par la mémoire d'impressions qu'il fallait ensuite approfondir, éclairer, transformer en équivalents d'intelligence, n'était-elle pas une des conditions, presque l'essence même de l'œuvre d'art telle que je l'avais conçue.*«

Notre Anthologie se fixe autour de cette essence, une essence faite de signes décrivant le phénomène des moments privilégiés; la supériorité d'un état où l'objet prend une essence '5'-éternelle. Nous sommes dans un univers à moitié fantastique. »*Le genre artistique, écrit Proust, agit à la façon de ces températures extrêmement élevées qui ont le pouvoir de dissocier des combinaisons d'atomes et de grouper ceux-ci suivant un ordre absolument contraire, répondant à un autre type.*«

*** *** ***

L'Anthologie que nous proposons au lecteur regroupe des récits et des réflexions significatifs.

'6'-Dans un premier chapitre intitulé »les Fétiches«, expression prise de Samuel Beckett, nous reproduisons soit en entier, soit par larges extraits, les récits où nous assistons à une fabuleuse capture du temps. Nous voyons comment Proust obtient, isole, immobilise – la durée d'un éclair – ce que d'ordinaire l'homme n'appréhende jamais – »*un peu de temps à l'état pur*« – Le bruit de la cuiller sur l'assiette, l'inégalité des dalles, le goût de la madeleine, l'odeur de moisi des lavabos, Francis le Champi – tant d'instants affranchis de l'ordre du temps, comme il l'explique dans le Temps retrouvé.

Beckett en évoquant ces éclairs de perception, immédiate et fortuite, parle d'un procédé qui tient d'un animisme intellectualisé. Il dresse la liste de ce qu'il appelle les fétiches. Ils sont au nombre de onze.

Nous proposons au lecteur ces pages d'une intensité prodigieuse où la démarcation entre le présent et le passé cèdent sous la lueur éblouissante de l'instant.
Soudain nous vivons l'éternel dans l'instantané. C'est le cadre où se réalise et s'affirme le personnage qui se situe dans le monde de la psychologie poétique.

*** *** ***

Dans un deuxième chapitre, nous reproduisons des récits qui nous ont particulièrement émus. Nous suivons le poète *»dans sa traversée des cercles d'un enfer de soufre et de poix«* – Il nous '7'-met sur les précipices d'un univers où on entrevoit *»les zones de la pensée limitrophe du non-être«.*
Ces récits qui nous proviennent du *»riche bassin minier, à étendue immense et fort diverse de gisements précieux«*2 nous font passer des mirages des demi-sommeils, aux réveils brusques, du réveil au rêve, du sommeil à l'insomnie ou aux cauchemars. On est entouré de merveilleux et '8'-d'indications électriques, sismiques. Proust évoque *»une algèbre de la sensibilité«.*

*** *** ***

Dans un troisième chapitre nous abordons la pensée, ou plutôt les pensées de Proust – et nous admirons sa puissances d'analyse.
La pensée est païenne en ce sens qu'elle est soustraite à la hantise de la culpabilité. Aucune pensée monolithique. Elle est polyvalente, ouverte à tous les horizons, fermée sur aucune possibilité ou éventualité. Elle est

18

universelle, non éthique, elle ne juge pas, elle ne connaît pas de tribunal moral, elle ne recherche aucune vérité dans le sens traditionnel que ce concept a en philosophie classique.

François Mauriac, dans ses écrits intimes, constate non sans une certaine amertume *la terrible absence de Dieu* dans l'œuvre de Proust. *La conscience humaine* dit-il en est absente. *Aucun des êtres qui la peuplent ne connaît l'inquiétude morale, ni le scrupule, ni le remords, ni ne désire la perfection*.

C'est pourtant tout cela qui rend cet écrivain si fascinant et fait qu'il est, pour citer Mauriac, le plus pénétrant moraliste qui ait jamais été dans aucune littérature.

La pensée de Proust s'exprime en aphorismes, maximes, réflexions d'une richesse étonnante – un feu d'artifice comme on le connaît dans l'œuvre de Nietzsche et de G. Chr. Lichtenberg. Nous avons retenu au fur et à mesure de nos lectures, les pensées qui nous semblaient rendre au mieux la complexe personnalité d'un auteur qui observe le monde avec un œil aigu, sans a priori, et avec une force de pénétration qui fait de lui un alchimiste de l'âme humaine. Le propre de ces pensées, une véritable coulée dans le Temps retrouvé, est qu'elles se laissent extrapoler, isoler du contexte dans lequel elles se trouvent formulées.

Chacune vaut à titre universel. Elles sont autant de points de repère sur les chemins et sentiers qu'emprunte le cerveau de Proust dans la longue traversée des tréfonds de l'âme humaine.

Des fois, on le voit *se servir d'un télescope pour apercevoir des choses, très petites en effet, mais parce qu'elles étaient situées à une grande distance, et qui étaient chacune un Monde,*

Il se moque de tous ceux qui n'ont pas saisi cette approche hautement intellectuelle d'une réalité qui est inaccessible à la seule pensée logique. *Là, écrit-il avec une certaine amertume, où je cherchais les grandes lois, on m'appelait fouilleur de '9'-détails*.

Nous avions le choix: ou de regrouper ces aphorismes par thèmes, ils sont innombrables; le Moi, l'Art, la Vie, l'Amour, l'Ame, la Jalousie, la Mort, la Vieillesse, l'Habitude...,les cruautés du Souvenir, la Mémoire, et tant d'autres, ou de les présenter en désordre, pêle-mêle, tels qu'ils surgissent au fil de la lecture.

Nous avons préféré un »désordre« partiel, sachant que la pensée est en perpétuel devenir, et que notre moi est fait de »*la superposition de nos états successifs.*«

»*Nous ne sommes jamais absolument semblables deux moments de notre vie et le tissu qui la forme, s'alimente chaque minute d'éléments différents, comme les gouttelettes d'une fleur.*«

Ce qui est vrai pour »*l'algèbre de la sensibilité*« vaut pour la géométrie variable de la pensée.

Dans un quatrième chapitre nous introduisons le lecteur dans le style si particulier de Proust, un style qu'il a dû inventer pour rester fidèle à la beauté de l'expression qui seule individualise l'idée et mesure les profondeurs où elle a été élaborée dans l'âme du poète (Jean Santeuil). Nous sommes dans l'univers extraordinaire de la poétique de Proust qui par ailleurs postule, comme celle de Dostoïevski, une interprétation entièrement nouvelle du moment compositionnel.

'10'-Les expressions inédites y sont légion: »*algèbre de la sensibilité*« – »*le sentiment de l'existence comme il peut frémir au fond d'un animal*« – »*la pleine mer du sommeil profond*« – »le ciseau d'un baiser«. Certaines phrases que nous citons ou parties de phrases constituent de véritables petits poèmes en prose. Des joyaux.

On découvrira par ailleurs »un Proust« auquel on ne s'attendait pas. Ses jeux de mots, parodies, imitations burlesques, calembours, traits d'esprits, quiproquos, ajoutent à ses romans souvent tragiques une note comique. C'est un trait de l'œuvre, que l'auteur passe fréquemment du tragique au burlesque, soulignant par là que la vie réelle est sans coupures, et se présente toujours comme un courant unique et spontané. Des fois, il s'amuse avec les gestes et manies de ses personnages, leurs tics de langage, leur façon de déglutiner les consonnes en parlant ou alors leurs

20

fautes grammaticales ou de vocabulaire; »*Il était à peine reconnaissant, voulant dire reconnaissable.*«

Le comique est souvent d'une grande subtilité, des fois cruel, grossier et presque vulgaire.
Quelques saillies: »*son beau regard ... scintillait encore, mais pour ainsi dire à vide*« – faire à quelqu'un »*une visite de digestion*« – n'inviter quelqu'un »*qu'en cure-dents*« – une »*tendresse de seconde main*« – »*ainsi celui-là qui a l'air pareil à tout le monde, vous ne le croiriez pas fou, eh bien, il l'est; il croit qu'il est Jésus-Christ, et cela ne peut pas être puisque Jésus-Christ c'est moi!*« – »*laissons les jolies femmes aux hommes sans imagination*« – »*quand vous avez fini un solo de violon, avez-vous jamais vu chez moi qu'on vous récompensât d'un pet ?*« – »*la sensibilité de mon appareil olfactif. La proximité de la dame suffit. Je me dis tout d'un coup: Oh! Mon Dieu, on a crevé ma fosse d'aisances.*« – »*il avait le nez énorme, tuméfié, cramoisi, plutôt celui d'un vieil Hébreu que d'un curieux Valois.*« – »*être encore belle mais presque l'écume aux dents*« – »*et il prit pour parler de nos dispositions le même ton rassurant que si elles avaient été des dispositions non pas à la littérature, mais au rhumatisme.*« »*Il est bien obligé de se taire assez souvent pour ne pas épuiser avant la fin de la soirée la provision de sottises qui empèsent le jabot de la chemise et maintiennent le gilet blanc*« – »*Swann souffrait d'un eczéma ethnique et de la constipation des prophètes.*«

'11'-Léon Pierre-Quint attire l'attention du lecteur sur le caractère surréaliste des métaphores de Proust et il évoque dans ce contexte Lautréamont chez qui les comparaisons nous transportent du plan réel au plan idéal, du plan logique au plan absurde.
»*Il était beau, écrit-il, comme la rencontre fortuite, sur une table de dissection, d'une machine à coudre et d'un parapluie.*«

Dans le Temps retrouvé, Proust a recours à une métaphore particulièrement surréaliste:
»*... ne ferais-je pas mon livre de la façon que Françoise faisait ce bœuf mode, apprécié par Monsieur de Norpois, et dont tant de morceaux de*

viande ajoutés et choisis enrichissaient la gelée.«

Dans le Côté de Guermantes en évoquant les cauchemars où les parents qui sont morts viennent de subir un grave accident qui n'exclut pas une guérison prochaine, il écrit:
»En attendant nous les tenons dans une petite cage à rats, où ils sont plus petits que des souris blanches, et, couverts de gros boutons rouges, plantés chacun d'une plume, nous tiennent des discours cicéroniens.«
-p. 812.

Les quatre chapitres invitent le lecteur à participer à ce que Proust appelle *»un déjeuner sur l'herbe«* pour les générations à venir.

***   ***   ***

'12'-Proust est aux antipodes de cette littérature *»qui se contente de décrire les choses, d'en donner seulement un misérable relevé de lignes et de surfaces - de cette littérature, qui tout en s'appelant réaliste, est la plus éloignée de la réalité, celle qui nous appauvrit et nous attriste le plus, car elle coupe brusquement toute communication de notre moi présent avec le passé, dont les choses gardaient l'essence, et l'avenir où elles nous incitent à la goûter de nouveau.«*
L'œuvre de Proust répond à cette essence qu'un art digne de ce nom doit exprimer.

'1'   Jules Supervielle.
'2'   Gilles Deleuze: Proust et les signes – PUF – Quadrige.
'3'   J.F. Revel: sur Proust – les Cahiers rouges – Grasset.
'4'   Milivoje Pejovic: Proust et Dostoïevski – Etude d'une thématique commune - Lit. Nizet – Paris 1987.
'5'   Jean Santeuil.
'6'   Samuel Beckett: Proust – Ed. de Minuit.
'7'   Pierre Abraham: Proust – »Maîtres des Littératures« – Les Editions Rieder Paris 1930.
'8'   »Le Temps retrouvé« – p. 2394.
'9'   »Le Temps retrouvé« – p. 2396.
'10'   Mikhail Bakhtine – »La poétique de Dostoïevski«.
'11'   Léon Pierre-Quint – »Le Comique et le mystère chez Proust«   – Kra - 1928.
'12'   »Le Temps retrouvé« – p. 2276.

Pensée introductive

»*Je pensais plus modestement à mon livre, et ce serait même inexact que de dire en pensant à ceux qui le liraient, à mes lecteurs. Car ils ne seraient pas, selon moi, mes lecteurs, mais les propres lecteurs d'eux-mêmes, mon livre n'étant qu'une sorte de ces verres grossissants comme ceux que tendait à un acheteur l'opticien de Combray; mon livre grâce auquel je leur fournirais le moyen de lire en eux-mêmes*«.
»Le Temps retrouvé « p. 2390.

Les Fétiches

»*Les fétiches sont ces éclairs de perception immédiate et fortuite, issus presque d'un animisme intellectualisé.*«

Dans son PROUST publié en 1930 et que les éditions Minuit ont mis soixante ans pour traduire, Samuel Beckett donne la liste de ce qu'il appelle les fétiches.
Il en compte onze dans la Recherche du Temps Perdu.

1. la madeleine trempée dans une tasse de thé.
2. les clochers de Martinville, vus de la voiture du docteur Percepied.
3. une odeur de renfermé dans les lavabos publics des Champs-Elysées.
4. les trois arbres près de Balbec, vus de la voiture de Madame Villeparisis.
5. un buisson d'aubépines près de Balbec.
6. il se baisse pour déboutonner ses bottines lors de son deuxième séjour au Grand-Hôtel de Balbec.
7. des pavés inégaux dans la cour de l'hôtel de Guermantes.
8. le bruit d'une cuillère contre une assiette.
9. il s'essuie la bouche avec une assiette.
10. le bruit d'une conduite d'eau.
11. François le Champi de George Sand.

Ames – et croyance celtique

e trouve très raisonnable la croyance celtique que les âmes de ceux que nous avons perdus sont captives dans quelque être inférieur, dans une bête, un végétal, une chose inanimée, perdues en effet pour nous jusqu'au jour, qui pour beaucoup ne vient jamais, où nous nous trouvons passer près de l'arbre, entrer en possession de l'objet qui est leur prison.

Alors, elles tressaillent, nous appellent et sitôt que nous les avons reconnues, l'enchantement est brisé. Délivrées par nous, elles ont vaincu la mort et reviennent vivre avec nous.

Il en est ainsi de notre passé. C'est peine perdue que nous cherchions à l'évoquer, tous les efforts de notre intelligence sont inutiles. Il est caché hors de son domaine et de sa portée, en quelque objet matériel (en la sensation que nous donnerait cet objet matériel), que nous ne soupçonnons pas.

»Du côté de chez Swann – Combray, I«-p. 44

La madeleine trempée dans une tasse de thé...

I l y avait bien des années que, de Combray, tout ce qui n'était pas le théâtre et le drame de mon coucher, n'existait plus pour moi, quand un jour d'hiver, comme je rentrais à la maison, ma mère, voyant que j'avais froid, me proposa de me faire prendre, contre mon habitude, un peu de thé. Je refusai d'abord et, je ne sais pourquoi, me ravisai.

Elle envoya chercher un de ces gâteaux courts et dodus appelés Petites Madeleines qui semblent avoir été moulés dans la valve rainurée d'une coquille de Saint-Jacques.

Et bientôt, machinalement, accablé par la morne journée et perspectives d'un triste lendemain, je portai à mes lèvres une cuillerée du thé où j'avais laissé s'amollir un morceau de madeleine. Mais à l'instant même où la gorge mêlée des miettes du gâteau toucha mon palais, je tressaillis, attentif à ce qui se passait d'extraordinaire en moi. Un plaisir délicieux m'avait envahi, isolé, sans la notion de sa cause. Il m'avait aussitôt rendu les vicissitudes de la vie indifférentes, ses désastres inoffensifs, sa brièveté illusoire, de la même façon qu'opère l'amour, en me remplissant d'une essence précieuse: ou plutôt cette essence n'était pas en moi, elle était moi.

J'avais cessé de me sentir médiocre, contingent, mortel. D'où avait pu me venir cette puissante joie? Je sentais qu'elle était liée au goût du thé et du gâteau, mais qu'elle le dépassait infiniment, ne devait pas être de même nature. D'où venait-elle? Que signifiait-elle? Où l'appréhender? Je bois une seconde gorgée où je ne trouve rien de plus que dans la première, une troisième qui m'apporte un peu moins que la seconde. Il est temps que je m'arrête, la vertu du breuvage semble diminuer. Il est clair que la vérité que je cherche n'est pas en lui, mais en moi. Il l'y a éveillée, mais ne la connaît pas, et ne peut que répéter indéfiniment, avec de moins en moins de force, ce même témoignage que je ne sais pas interpréter et que je veux au moins pouvoir lui redemander et retrouver intact, à ma disposition, tout à l'heure, pour un éclaircissement décisif. Je pose la tasse et me tourne vers mon esprit. C'est à lui de trouver la vérité.

Mais comment? Grave incertitude, toutes les fois que l'esprit se sent dépassé par lui-même; quand lui, le chercheur, est tout ensemble le pays obscur où il doit chercher et où tout son bagage ne lui sera de rien. Chercher? pas seulement: créer.

Il est en face de quelque chose qui n'est pas encore et que seul il peut réaliser, puis faire entrer dans sa lumière.

Et je recommence à me demander quel pouvait être cet état inconnu, qui n'apportait aucune preuve logique, mais l'évidence de sa félicité, de sa réalité devant laquelle les autres s'évanouissaient. Je veux essayer de le faire réapparaître. Je rétrograde par la pensée au moment où je pris la première cuillerée de thé. Je retrouve le même état, sans une clarté nouvelle. Je demande à mon esprit un effort de plus, de ramener encore une fois la sensation qui s'enfuit. Et, pour que rien ne brise l'élan dont il va tâcher de la ressaisir, j'écarte tout obstacle, toute idée étrangère, j'abrite mes oreilles et mon attention contre les bruits de la chambre voisine. Mais sentant mon esprit qui se fatigue sans réussir, je le force au contraire à prendre cette distraction que je lui refusais, à penser à autre chose, à se refaire avant une tentative suprême. Puis une deuxième fois, je fais le vide devant lui, je remets en face de lui la saveur encore récente de cette première gorgée et je sens tressaillir en moi quelque chose qui se déplace, voudrait s'élever, quelque chose qu'on aurait désancré, à une grande profondeur; je ne sais ce que c'est, mais cela monte lentement; j'éprouve la résistance et j'entends la rumeur des distances traversées.

Certes, ce qui palpite ainsi au fond de moi, ce doit être l'image, le souvenir visuel, qui, lié à cette saveur, tente de la suivre jusqu'à moi. Mais il se débat trop loin, trop confusément; à peine si je perçois le reflet neutre où se confond l'insaisissable tourbillon des couleurs remuées; mais je ne peux distinguer la forme, lui demander, comme au seul interprète possible, de me traduire le témoignage de sa contemporaine, de son inséparable compagne, la saveur, lui demander de m'apprendre de quelle circonstance particulière, de quelle époque du passé il s'agit. Arrivera-t-il jusqu'à la surface de ma claire conscience, ce souvenir, l'instant ancien que l'attraction d'un instant identique est venue de si loin solliciter, émouvoir, soulever tout au fond de moi? Je ne sais. Maintenant je ne sens plus rien, il est arrêté, redescendu peut-être; qui sait s'il remontera jamais de sa nuit? Dix fois il me faut recommencer, me pencher vers lui. Et chaque fois la lâcheté qui nous détourne de toute tâche difficile, de toute œuvre importante, m'a conseillé de laisser cela, de boire mon thé en pensant simplement à mes ennuis d'aujourd'hui, à mes désirs de demain qui se laissent remâcher sans peine.

Et tout d'un coup le souvenir m'est apparu. Ce goût c'était celui du petit morceau de madeleine que le dimanche matin à Combray (parce que ce jour-là je ne sortais pas avant l'heure de la messe), quand j'allais lui dire bonjour dans sa chambre, ma tante Léonie m'offrait après l'avoir trempé dans son infusion de thé ou de tilleul. La vue de la petite madeleine ne m'avait rien rappelé avant que je n'y eusse goûté; peut-être parce que, en ayant souvent aperçu depuis, sans en manger, sur les tablettes des pâtissiers, leur image avait quitté ces jours de Combray pour se lier à d'autres plus récents: peut-être que de ces souvenirs abandonnés si longtemps hors de la mémoire, rien ne survivait, tout s'était désagrégé; les formes - et celle aussi du petit coquillage de pâtisserie, si grassement sensuel, sous son plissage sévère et dévot – s'étaient abolies, ou, ensommeillées, avaient perdu la force d'expansion qui leur eût permis de rejoindre la conscience. Mais, quand d'un passé ancien rien ne subsiste, après la mort des êtres, après la destruction des choses, seules, plus frêles mais plus vivaces, plus immatérielles, plus persistantes, plus fidèles, l'odeur et la saveur restent encore longtemps, comme des âmes, à se rappeler, à attendre, à espérer, sur la ruine de tout le reste, à porter sans fléchir, sur leur gouttelette presque impalpable, l'édifice immense du souvenir.

Et dès que j'eus reconnu le goût du morceau de madeleine trempé dans le tilleul que me donnait ma tante (quoique je ne susse pas encore et dusse remettre à bien plus tard de découvrir pourquoi ce souvenir me rendait si heureux), aussitôt la vieille maison grise sur la rue, où était sa chambre, vint comme un décor de théâtre s'appliquer au petit pavillon, donnant sur le jardin, qu'on avait construit pour mes parents sur ces derrières (ce pan tronqué que seul j'avais revu jusque-là); et avec la maison, la ville, depuis le matin jusqu'au soir et par tous les temps, la Place où on m'envoyait avant déjeuner, les rues où j'allais faire des courses, les chemins qu'on prenait si le temps était beau. Et comme dans ce jeu où les Japonais s'amusent à tremper dans un bol de porcelaine rempli d'eau, de petits morceaux de papier jusque-là indistincts qui, à peine y sont-ils plongés s'étirent, se contournent, se colorent, se différencient, deviennent des fleurs, des maisons, des personnages consistants et reconnaissables, de même maintenant toutes les fleurs de notre jardin et celles du parc de M. Swann, et les nymphéas de la Vivonne, et les bonnes gens du village et leurs petits logis et l'église et tout Combray et ses environs, tout cela qui prend forme et solidité, est sorti, ville et jardins, de ma tasse de thé.

»Du côté de chez Swann – Combray, II«- p. 44–45 – 46.

Les deux clochers de Martinville

On m'avait fait monter près du cocher, nous allions comme le vent parce que le docteur avait encore avant de rentrer à Combray à s'arrêter à Martinville-le-Sec chez un malade à la porte duquel il avait été convenu que nous l'attendrions.

Au tournant d'un chemin, j'éprouvai tout à coup ce plaisir spécial qui ne ressemblait à aucun autre, à apercevoir les deux clochers de Martinville, sur lesquels donnait le soleil couchant et que le mouvement de notre voiture et les lacets du chemin avaient l'air de faire changer de place, puis celui de Vieuxvicq qui, séparé d'eux par une colline et une vallée, et situé sur un plateau plus élevé dans le lointain, semblait pourtant tout voisin d'eux.

En constatant, en notant la forme de leur flèche, le déplacement de leurs lignes, l'ensoleillement de leur surface, je sentais que je n'allais pas au bout de mon impression, que quelque chose était derrière ce mouvement, derrière cette clarté, quelque chose qu'ils semblaient contenir et dérober à la fois...

Les clochers paraissaient si éloignés et nous avions l'air de si peu nous rapprocher d'eux, que je fus étonné quand, quelques instants après, nous nous arrêtâmes devant l'église de Martinville. Je ne savais pas la raison du plaisir que j'avais eu à les apercevoir à l'horizon et l'obligation de chercher à découvrir cette raison me semblait bien pénible; j'avais envie de garder en réserve dans ma tête ces lignes remuantes au soleil et de n'y plus penser maintenant. Et il est probable que si je l'avais fait, les deux clochers seraient allés à jamais rejoindre tant d'arbres, de toits, de parfums, de sons, que j'avais distingués des autres à cause de ce plaisir obscur qu'ils m'avaient procuré et que je n'ai jamais approfondi. Je descendis causer avec mes parents en attendant le docteur. Puis nous repartîmes, je repris ma place sur le siège, je tournai la tête pour voir

encore les clochers qu'un peu plus tard, j'aperçus une dernière fois au
tournant d'un chemin. Le cocher, qui ne semblait pas disposé à causer,
ayant à peine répondu à mes propos, force me fut, faute d'autre
compagnie, de me rabattre sur celle de moi-même et d'essayer de me
rappeler mes clochers. Bientôt leurs lignes et leurs surfaces ensoleillées,
comme si elles avaient été une sorte d'écorce, se déchirèrent, un peu de ce
qui m'était caché en elles m'apparut, j'eus une pensée qui n'existait pas
pour moi l'instant avant, qui se formula en mots dans ma tête, et le plaisir
que m'avait fait tout à l'heure éprouver leur vue s'en trouva tellement
accru que, pris d'une sorte d'ivresse, je ne pus plus penser à autre chose.
A ce moment et comme nous étions déjà loin de Martinville, en tournant
la tête je les aperçus de nouveau, tout noirs cette fois, car le soleil était
déjà couché. Par moments les tournants du chemin me les dérobaient,
puis ils se montrèrent une dernière fois et enfin je ne les vis plus.
Sans me dire que ce qui était caché derrière les clochers de Martinville
devait être quelque chose d'analogue à une jolie phrase, puisque c'était
sous la forme de mots qui me faisaient plaisir, que cela m'était apparu,
demandant un crayon et du papier au docteur, je composai malgré les
cahots de la voiture, pour soulager ma conscience et obéir à mon
enthousiasme, le petit morceau suivant que j'ai retrouvé depuis et auquel
je n'ai eu à faire subir que peu de changements:

»*Seuls, s'élevant du niveau de la plaine et comme perdus en rase
campagne, montaient vers le ciel les deux clochers de Martinville.
Bientôt nous en vîmes trois: venant se placer en face d'eux par une volte
hardie, un clocher retardataire, celui de Vieuxvicq, les avait rejoints.
Les minutes passaient, nous allions vite et pourtant les trois clochers
étaient toujours loin devant nous, comme trois oiseaux posés sur la
plaine, immobiles et qu'on distingue au soleil. Puis le clocher de
Vieuxvicq s'écarta, prit ses distances, et les clochers de Martinville
restèrent seuls, éclairés par la lumière du couchant que même à cette
distance, sur leurs pentes, je voyais jouer et sourire.
Nous avions été si longs à nous rapprocher d'eux, que je pensais au
temps qu'il faudrait encore pour les atteindre quand, tout d'un coup, la
voiture ayant tourné, elle nous déposa à leurs pieds; et ils s'étaient jetés
si rudement au-devant d'elle, qu'on n'eût que le temps d'arrêter pour ne*

pas se heurter au porche.

Nous poursuivîmes notre route; nous avions déjà quitté Martinville depuis un peu de temps et le village après nous avoir accompagnés quelques secondes avait disparu, que restés seuls à l'horizon à nous regarder fuir, ses clochers et celui de Vieuxvicq agitaient encore en signe d'adieu leurs cimes ensoleillées. Parfois l'un s'effaçait pour que les deux autres pussent nous apercevoir un instant encore; mais la route changea de direction, ils virèrent dans la lumière comme trois pivots d'or et disparurent à mes yeux. Mais,un peu plus tard, comme nous étions déjà près de Combray, le soleil étant maintenant couché, je les aperçus une dernière fois de très loin qui n'étaient plus comme trois fleurs peintes sur le ciel au-dessus de la ligne basse des champs.

Ils me faisaient penser aussi aux trois jeunes filles d'une légende, abandonnées dans une solitude où tombait déjà l'obscurité; et tandis que nous nous éloignions au galop, je les vis timidement chercher leur chemin et après quelques gauches trébuchements de leurs nobles silhouettes, se serrer les uns contre les autres, glisser l'un derrière l'autre, ne plus faire sur le ciel encore rose qu'un seule forme noire, charmante résignée, et s'effacer dans la nuit.«

Je ne repensai jamais à cette page, mais ce moment-là, quand, au coin du siège où le cocher du docteur plaçait habituellement dans un panier les volailles qu'il avait achetées au marché de Martinville, j'eus fini de l'écrire, je me trouvai si heureux, je sentais qu'elle m'avait si parfaitement débarrassé de ces clochers et de ce qu'ils cachaient derrière eux, que, comme si j'avais été moi-même une poule et si je venais de pondre un œuf, je me mis à chanter à tue-tête

»Du côté de chez Swann«- p. 148 – 149 – 150.

Le fétiche des lavabos -
l'odeur de moisi

*J*e dus quitter un instant Gilberte, Françoise m'ayant appelé. Il me fallut l'accompagner dans un petit pavillon treillissé de vert, assez semblable aux bureaux d'octroi désaffectés du vieux Paris et dans lequel étaient depuis peu installés ce qu'on appelle en Angleterre un lavabo, et en France, par une anglomanie mal informée, des water-closets.

Les murs humides et anciens de l'entrée où je restai à attendre Françoise dégageaient une fraîche odeur de renfermé qui, m'allégeant aussitôt des soucis que venaient de faire naître en moi les paroles de Swann rapportées par Gilberte, me pénétra d'un plaisir non pas de la même espèce que les autres, lesquels nous laissent plus instables, incapables de les retenir, de les posséder, mais au contraire d'un plaisir consistant auquel je pouvais m'étayer, délicieux, paisible, riche d'une vérité durable, inexpliquée et certaine. J'aurais voulu, comme autrefois dans mes promenades du côté de Guermantes, essayer de pénétrer le charme de cette impression qui m'avait saisi et rester immobile à interroger cette émanation vieillotte qui me proposait non de jouir du plaisir qu'elle ne me donnait que par surcroît, mais de descendre dans la réalité qu'elle ne m'avait pas dévoilée.

Mais la tenancière de l'établissement, vieille dame à joues plâtrées et à perruque rousse, se mit à me parler. Françoise la croyait »*tout à fait bien de chez elle*«. Sa demoiselle avait épousé ce que Françoise appelait »*un jeune homme de famille*«, par conséquent quelqu'un qu'elle trouvait plus différent d'un ouvrier que Saint-Simon un duc d'un homme »*sorti de la lie du peuple*«. Sans doute la tenancière avant de l'être avait eu des revers. Mais Françoise assurait qu'elle était marquise et appartenait à la famille de Saint-Ferréol. Cette marquise me conseilla de ne pas rester au frais et m'ouvrit même un cabinet en me disant: »*Vous ne voulez pas entrer? En voici un tout propre, pour vous ce sera gratis*«. Elle le faisait peut-être seulement comme les demoiselles de chez Gouache, quand nous venions faire une commande, m'offraient un des bonbons qu'elles avaient sur le comptoir sous des cloches de verre et que maman me défendait, hélas! d'accepter; peut-être aussi moins innocemment comme telle vieille fleuriste par qui maman faisait remplir ses »jardinières« et qui me donnait une rose en roulant des yeux doux. En tous cas, si la »marquise« avait du goût pour les jeunes garçons, en leur ouvrant la porte hypogéenne de ces cubes de pierre où les hommes sont accroupis comme des sphinx, elle devait chercher dans ses générosités moins l'espérance de les corrompre que le plaisir qu'on éprouve à se montrer vainement prodigue envers ce qu'on aime, car je n'ai jamais vu auprès d'elle d'autre visiteur qu'un vieux garde forestier du jardin.

Un instant après je prenais congé de la »marquise«, accompagnée de Françoise, et je quittai cette dernière pour retourner auprès de Gilberte. Je l'aperçus tout de suite, sur une chaise, derrière le massif de lauriers. C'était pour ne pas être vue de ses amies: on jouait à cache-cache. J'allai m'asseoir à côté d'elle. Elle avait une toque plate qui descendait assez bas sur ses yeux, leur donnant ce même regard »en dessous«, rêveur et fourbe que je lui avais vu la première fois à Combray. Je lui demandai s'il n'y avait pas moyen que j'eusse une explication verbale avec son père. Gilberte me dit qu'elle la lui avait proposée, mais qu'il la jugeait inutile. »*Tenez, ajouta-t-elle, ne me laissez pas votre lettre, il faut rejoindre les autres puisqu'ils ne m'ont pas trouvée.*«

En rentrant, j'aperçus, je me rappelai brusquement l'image, cachée jusque-là, dont m'avait approché, sans me la laisser voir ni reconnaître, le frais, sentant presque la suie, du pavillon treillagé. Cette image était celle de la petite pièce de mon oncle Adolphe, à Combray, laquelle exhalait en effet le même parfum d'humidité.

Mais je ne pus comprendre, et je remis à plus tard de chercher pourquoi le rappel d'une image si insignifiante m'avait donné une telle félicité.

En attendant, il me sembla que je méritais vraiment le dédain de M. de Norpois: j'avais préféré jusqu'ici à tous les écrivains celui qu'il appelait un simple *»joueur de flûte«* et une véritable exaltation m'avait été communiquée, non par quelque idée importante, mais par une odeur de moisi.

»A l'ombre des jeunes filles en fleurs« p. 393 – 394.

Les trois arbres de Balbec

e venais d'apercevoir, en retrait de la route en dos d'âne que nous suivions, trois arbres qui devaient servir d'entrée à une allée couverte et formaient un dessin que je ne voyais pas pour la première fois, je ne pouvais arriver à reconnaître le lieu dont ils étaient comme détachés mais je sentais qu'il m'avait été familier autrefois; de sorte que mon esprit ayant trébuché entre quelque année lointaine et le moment présent, les environs de Balbec vacillèrent et je me demandai si toute cette promenade n'était pas une fiction, Balbec un endroit où je n'étais jamais allé que par l'imagination, Mme de Villeparisis un personnage de roman et les trois vieux arbres la réalité qu'on retrouve en levant les yeux de dessus le livre qu'on était en train de lire et qui vous décrivait un milieu dans lequel on avait fini par se croire effectivement transporté.

Je regardais les trois arbres, je les voyais bien, mais mon esprit sentait qu'ils recouvraient quelque chose sur quoi il n'avait pas prise, comme sur ces objets placés trop loin dont nos doigts, allongés au bout de notre bras tendu, effleurent seulement par instant l'enveloppe sans arriver à rien saisir. Alors on se repose un moment pour jeter le bras en avant d'un élan plus fort et tâcher d'atteindre plus loin. Mais pour que mon esprit pût ainsi se rassembler, prendre son élan, il m'eût fallu être seul.

Que j'aurais voulu pouvoir m'écarter comme je faisais dans les promenades du côté de Guermantes quand je m'isolais de mes parents! Il me semblait même que j'aurais dû le faire. Je reconnaissais ce genre de plaisir qui requiert, il est vrai, un certain travail de la pensée sur elle-même, mais à côté duquel les agréments de la nonchalance qui vous fait renoncer à lui, semblent bien médiocres.

Ce plaisir, dont l'objet n'était que pressenti, que j'avais à créer moi-même, je ne l'éprouvais que de rares fois, mais à chacune d'elles il me semblait que les choses qui s'étaient passées dans l'intervalle n'avaient guère d'importance et qu'en m'attachant à sa seule réalité, je pourrais commencer enfin une vraie vie. Je mis un instant ma main devant mes yeux pour pouvoir les fermer sans que Mme de Villeparisis s'en aperçût. Je restai sans penser à rien, puis de ma pensée ramassée, ressaisie avec plus de force, je bondis plus avant dans la direction des arbres, ou plutôt dans cette direction intérieure au bout de laquelle je les voyais en moi-même. Je sentis de nouveau derrière eux le même objet connu mais vague et que je ne pus ramener à moi.

Cependant tous trois, au fur et à mesure que la voiture avançait, je les voyais s'approcher. Où les avais-je déjà regardés? Il n'y avait aucun lieu autour de Combray où une allée s'ouvrit ainsi. Le site qu'ils me rappelaient, il n'y avait pas de place pour lui davantage dans la campagne allemande où j'étais allé une année avec ma grand-mère prendre les eaux. Fallait-il croire qu'ils venaient d'années déjà si lointaines de ma vie que le paysage qui les entourait avait été entièrement aboli dans ma mémoire et que comme ces pages qu'on est tout d'un coup ému de retrouver dans un ouvrage qu'on s'imaginait n'avoir jamais lu, ils surnageaient seuls du livre oublié de ma première enfance? N'appartenaient-ils au contraire qu'à ces paysage du rêve, toujours les mêmes, du moins pour moi chez qui leur aspect étrange n'était que l'objectivation dans mon sommeil de l'effort que je faisais pendant la veille, soit pour atteindre le mystère dans un lieu derrière l'apparence duquel je le pressentais, comme cela m'était arrivé si souvent du côté de Guermantes, soit pour essayer de le réintroduire dans un lieu que j'avais désiré connaître et qui du jour où je l'avais connu m'avait paru tout superficiel, comme Balbec? N'étaient-ils qu'une image toute nouvelle détachée d'un rêve de la nuit précédente mais déjà si effacée qu'elle me semblait venir de beaucoup plus loin? Ou bien ne les avais-je jamais vus et cachaient-ils derrière eux comme tels arbres, telle touffe d'herbe que j'avais vus du côté de Guermantes, un sens aussi obscur, aussi difficile à saisir qu'un passé lointain de sorte que, sollicité par eux d'approfondir une pensée, je croyais avoir à reconnaître un souvenir? Ou encore ne cachaient-ils même pas de pensée et était-ce une fatigue de ma vision qui me les faisait voir doubles dans le temps comme on voit quelquefois double dans l'espace? Je ne savais.

Cependant, ils venaient vers moi; peut-être une apparition mythique, ronde de sorcières ou de nornes qui me proposait ses oracles. Je crus plutôt que c'étaient des fantômes du passé, de chers compagnons de mon enfance, des amis disparus qui invoquaient nos communs souvenirs. Comme des ombres, ils semblaient me demander de les emmener avec moi, de les rendre à la vie. Dans leur gesticulation naïve et passionnée, je reconnaissais le regret impuissant d'un être aimé qui a perdu l'usage de la parole, sent qu'il ne pourra nous dire ce qu'il veut et que nous ne savons pas deviner. Bientôt, à un croisement de routes, la voiture les abandonna. Elle m'entraînait loin de ce que je croyais seul vrai, de ce qui m'eût rendu vraiment heureux, elle ressemblait à ma vie.

Je vis les arbres s'éloigner en agitant leurs bras désespérés, semblant me dire: »*Ce que tu n'apprends pas de nous aujourd'hui, tu ne le sauras jamais. Si tu nous laisses tomber au fond de ce chemin d'où nous cherchions à nous hisser jusqu'à toi, toute une partie de toi-même que nous t'apportions tombera pour jamais au néant.*«

En effet, si dans la suite je retrouvais le genre de plaisir et d'inquiétude que je venais de sentir encore une fois, et si un soir - trop tard, mais pour toujours - je m'attachai à lui, de ces arbres eux-mêmes, en revanche, je ne sus jamais ce qu'ils avaient voulu m'apporter ni où je les avais vus. Et quand, la voiture ayant bifurqué, je leur tournai le dos et cessai de les voir, tandis que Mme de Villeparisis me demandait pourquoi j'avais l'air rêveur, j'étais triste comme si je venais de perdre un ami, de mourir à moi-même, de renier un mort ou de méconnaître un dieu.

»A l'ombre des jeunes filles en fleurs« – p. 568 et ss.

Les Aubépines défleuries

out d'un coup dans le petit chemin creux, je m'arrêtais touché au cœur par un doux souvenir d'enfance: je ve-nais de reconnaître, aux feuilles découpées et brillantes qui s'avançaient sur le seuil, un buisson d'aubépines défleuries, hélas, depuis la fin du printemps. Autour de moi flottait une atmosphère d'anciens mois de Marie, d'après-midi du dimanche, de croyances, d'erreurs oubliées. J'aurais voulu la saisir. Je m'arrêtai une seconde et Andrée, avec une divination charmante, me laissa causer un instant avec les feuilles de l'arbuste. Je leur demandai des nouvelles des fleurs, ces fleurs de l'aubépine pareilles à de gaies jeunes filles étourdies, coquettes et pieuses. »*Ces demoiselles sont parties depuis déjà longtemps*«, me disaient les feuilles.Et peut-être pensaient-elles que pour le grand ami d'elles que je pré-tendais être, je ne semblais guère renseigné sur leurs habitudes. Un grand ami, mais qui ne les avais pas revues depuis tant d'années, malgré ses promesses. Et pourtant, comme Gilberte avait été mon premier amour pour une jeune fille, elles avaient été mon premier amour pour une fleur. »*Oui, je sais, elles s'en vont vers la mi-juin, répondis-je, mais cela me fait plaisir de voir l'endroit qu'elles habitaient ici. Elles sont venues me voir à Combray dans ma chambre, amenées par ma mère quand j'étais malade. Et nous nous retrouvions le samedi soir au mois de Marie. Elles peuvent y aller ici? – Oh! naturellement! Du reste on tient beaucoup à avoir ces demoiselles à l'église de Saint-Denis-du-Désert qui est la paroisse la plus voisine. – Alors maintenant, pour les voir? – Oh! pas avant le mois de mai de l'année prochaine. – Mais je peux être sûr qu'elles seront là? – Régulièrement tous les ans. – Seulement je ne sais pas si je retrouverai bien la place. – Que si! ces demoiselles sont si gaies, elles ne s'interrompent de rire que pour chanter des cantiques, de sorte qu'il n'y a pas d'erreur possible et que du bout du sentier vous reconnaîtrez leur parfum.*«
»A l'ombre des jeunes filles en fleurs«- p. 720-721.

Il se baisse pour déboutonner ses bottines lors de son deuxième séjour au Grand-Hôtel de Balbec...

ouleversement de toute ma personne. Dès la première nuit, comme je souffrais d'une crise de fatigue cardiaque, tâchant de dompter ma souffrance, je me baissai avec lenteur et prudence pour me déchausser.

Mais à peine eus-je touché le premier bouton de ma bottine, ma poitrine s'enfla, remplie d'une présence inconnue, divine, des sanglots me secouèrent, des larmes ruisselèrent de mes yeux. L'être qui venait à mon secours, qui me sauvait de la sécheresse de l'âme, c'était celui qui, plusieurs années auparavant, dans un moment de détresse et de solitude identiques, dans un moment où je n'avais plus rien de moi, était entré, et qui m'avait rendu à moi-même, car il était moi et plus que moi (le contenant qui est plus que le contenu et me l'apportait). Je venais d'apercevoir, dans ma mémoire, penché sur ma fatigue, le visage tendre, préoccupé et déçu de ma grand-mère, telle qu'elle avait été ce premier soir d'arrivée; le visage de ma grand-mère, non pas de celle que je m'étais étonné et reproché de si peu regretter et qui n'avait d'elle que le nom, mais de ma grand-mère véritable dont, pour la première fois depuis les Champs-Elysées où elle avait eu son attaque, je retrouvais dans un souvenir involontaire et complet la réalité vivante. Cette réalité n'existe pas pour nous tant qu'elle n'a pas été recréée par notre pensée (sans cela les hommes qui ont été mêlés à un combat gigantesque seraient tous de grands poètes épiques); et ainsi, dans un désir fou de me précipiter dans ses bras, ce n'était qu'à l'instant – plus d'une année après son enterrement, à cause de cet anachronisme qui empêche si souvent le calendrier des faits de coïncider avec celui des sentiments – que je venais d'apprendre qu'elle était morte. J'avais souvent parlé d'elle depuis ce moment-là et aussi pensé à elle, mais sous mes paroles et mes pensées de jeune homme ingrat, égoïste et cruel, il n'y avait jamais rien eu qui ressemblât à ma grand-mère, parce que, dans ma légèreté, mon amour du plaisir, mon accoutumance à la voir malade, je ne contenais en moi qu'à l'état virtuel le souvenir de ce qu'elle avait été.

A n'importe quel moment que nous la considérions, notre âme totale n'a qu'une valeur presque fictive, malgré le nombreux bilan de ses richesses, car tantôt les unes, tantôt les autres sont indisponibles, qu'il s'agisse d'ailleurs de richesses effectives aussi bien que de celles de l'imagination, et pour moi par exemple, tout autant que de l'ancien nom de Guermantes, de celles combien plus graves, du souvenir vrai de ma grand-mère. Car aux troubles de la mémoire sont liées les intermittences du cœur. C'est sans doute l'existence de notre corps, semblable pour nous à un vase où notre spiritualité serait enclose, qui nous induit à supposer que tous nos biens intérieurs, nos joies passées, toutes nos douleurs sont perpétuellement en notre possession. Peut-être est-il aussi inexact de croire qu'elles s'échappent ou reviennent. En tous cas si elles restent en nous, c'est la plupart du temps dans un domaine inconnu où elles ne sont de nul service pour nous, et où même les plus usuelles sont refoulées par des souvenirs d'ordre différent et qui excluent toute simultanéité avec elles dans la conscience.

Mais si le cadre de sensations où elle sont conservées est ressaisi, elles ont à leur tour ce même pouvoir d'expulser tout ce qui leur est incompatible, d'installer seul en nous, le moi qui les vécut. Or comme celui que je venais subitement de redevenir n'avait pas existé depuis ce soir lointain où ma grand-mère m'avait déshabillé à mon arrivée à Balbec, ce fut tout naturellement, non pas après la journée actuelle que ce moi ignorait, mais – comme s'il y avait dans le temps des séries différentes et parallèles – sans solution de continuité, tout de suite après le premier soir d'autrefois, que j'adhérai à la minute où ma grand-mère s'était penchée vers moi. Le moi que j'étais alors et qui avait disparu si longtemps, était de nouveau si près de moi qu'il me semblait encore entendre les paroles qui avaient immédiatement précédé et qui n'étaient pourtant plus qu'un songe, comme un homme mal éveillé croit percevoir tout près de lui les bruits de son rêve qui s'enfuit. Je n'étais plus que cet être qui cherchait à se réfugier dans les bras de sa grand-mère, à effacer les traces de ses peines en lui donnant des baisers, cet être que j'aurais eu à me figurer, quand j'étais tel ou tel de ceux qui s'étaient succédé en moi depuis quelque temps, autant de difficulté que maintenant il m'eût fallu d'efforts, stériles d'ailleurs, pour ressentir les désirs et les joies de l'un de ceux que, pour un temps du moins, je n'étais plus.

Je me rappelais comme, une heure avant le moment où ma grand-mère s'était penchée ainsi, dans sa robe de chambre, vers mes bottines, errant dans la rue étouffante de chaleur, devant le pâtissier, j'avais cru que je ne pourrais jamais dans le besoin que j'avais de l'embrasser, attendre l'heure qu'il me fallait encore passer sans elle. Et maintenant que ce même besoin renaissait, je savais que je pouvais attendre des heures après des heures, qu'elle ne serait plus jamais auprès de moi, je ne faisais que de le découvrir parce que je venais, en la sentant pour la première fois, vivante, véritable, gonflant mon cœur à le briser, en la retrouvant enfin, d'apprendre que je l'avais perdue pour toujours.

Perdue pour toujours; je ne pouvais comprendre et je m'exerçais à subir la souffrance de cette contradiction: d'une part, une existence, une tendresse, survivantes en moi telles que je les avais connues, c'est-à-dire faites pour moi, un amour où tout trouvait tellement en moi son complément, son but, sa constante direction, que le génie de grands hommes, tous les génies qui avaient pu exister depuis le commencement du monde n'eussent pas valu pour ma grand-mère un seul de mes défauts; et d'autre part, aussitôt que j'avais revécu, comme présente, cette félicité, la sentir traversée par la certitude, s'élançant comme une douleur physique à répétition, d'un néant qui avait effacé mon image de cette tendresse, qui avait détruit cette existence, aboli rétrospectivement notre mutuelle prédestination, fait de ma grand-mère, au moment où je la retrouvais comme dans un miroir,une simple étrangère qu'un hasard a fait passer quelques années auprès de moi, comme cela aurait pu être auprès de tout autre, mais pour qui, avant et après, je n'étais rien, je ne serais rien.
»Sodome et Gomorrhe II« - p. 1326-1328.

Des pavés inégaux dans la cour de l'hôtel de Guermantes... Venise

En roulant les tristes pensées que je disais il y a un instant, j'étais entré dans la cour de l'hôtel de Guermantes et dans ma distraction je n'avais pas vu une voiture qui s'avançait; au cri du wattman je n'eus que le temps de me ranger vivement de côté, et je reculai assez pour buter malgré moi contre les pavés assez mal équarris derrière lesquels était une remise.

Mais au moment où, me remettant d'aplomb, je posai mon pied sur un pavé qui était un peu moins élevé que le précédent, tout mon découragement s'évanouit devant la même félicité qu'à diverses époques de ma vie m'avaient donnée la vue *d'arbres* que j'avais cru reconnaître dans une promenade en voiture autour de Balbec, la vue des clochers de Martinville, la saveur d'une madeleine trempée dans une infusion, tant d'autres sensations dont j'ai parlé et que les dernières œuvres de Vinteuil m'avaient paru synthétiser.

Comme au moment où je goûtais la madeleine, toute inquiétude sur l'avenir, tout doute intellectuel étaient dissipés. Ceux qui m'assaillaient tout à l'heure au sujet de la réalité de mes dons littéraires et même de la réalité de la littérature se trouvaient levés comme par enchantement. Sans que j'eusse fait aucun raisonnement nouveau, trouvé aucun argument décisif, les difficultés, insolubles tout à l'heure, avaient perdu toute importance. Mais cette fois, j'étais bien décidé à ne pas me résigner à ignorer pourquoi, comme je l'avais fait le jour où j'avais goûté une madeleine trempée dans une infusion.

La félicité que je venais d'éprouver était bien en effet la même que celle que j'avais éprouvée en mangeant la madeleine et dont j'avais alors ajourné de rechercher les causes profondes.

La différence, purement matérielle, était dans les images évoquées; un azur profond enivrait mes yeux, des impressions de fraîcheur, d'éblouissante lumière tournoyaient près de moi et, dans mon désir de les saisir, sans oser plus bouger que quand je goûtais la saveur de la madeleine en tâchant de faire parvenir jusqu'à moi ce qu'elle me rappelait, je restais, quitte à faire rire la foule innombrable des wattmen, à tituber comme j'avais fait tout à l'heure, un pied sur le pavé plus élevé, l'autre pied sur le pavé plus bas.

Chaque fois que je refaisais rien que matériellement ce même pas, il me restait inutile; mais si je réussissais, oubliant la matinée Guermantes, à retrouver ce que j'avais senti en posant ainsi mes pieds, de nouveau la vision éblouissante et indistincte me frôlait comme si elle m'avait dit: »*Saisis-moi au passage si tu en as la force, et tâche à résoudre l'énigme de bonheur que je te propose.*« Et presque tout de suite je la reconnus, c'était Venise, dont mes efforts pour la décrire et les prétendus instantanés pris par ma mémoire ne m'avaient jamais rien dit et que la sensation que j'avais ressentie jadis sur deux dalles inégales du baptistère de Saint-Marc m'avait rendue avec toutes les autre sensations jointes ce jour-là à cette sensation-là, et qui étaient restées dans l'attente, à leur rang, d'où un brusque hasard les avait impérieusement fait sortir, dans la série des jours oubliés. De même le goût de la petite madeleine m'avait rappelé Combray. Mais pourquoi les images de Combray et de Venise m'avaient-elles à l'un et à l'autre moment donné une joie pareille à une certitude et suffisante sans autres preuves à me rendre la mort indifférente?

»Le Temps Retrouvé« - p. 2262.

Le bruit d'une cuillère contre une assiette

out en me le demandant et en étant résolu aujourd'hui à trouver la réponse, j'entrai dans l'hôtel de Guermantes, parce que nous faisons toujours passer avant la besogne intérieure que nous avons à faire le rôle apparent que nous jouons et qui, ce jour-là, était celui d'un invité.

Mais arrivé au premier étage, un maître d'hôtel me demanda d'entrer un instant dans un petit salon-bibliothèque attenant au buffet, jusqu'à ce que le morceau qu'on jouait fût achevé, la princesse ayant défendu qu'on ouvrît les portes pendant son exécution.

Or à ce moment même, un second avertissement vint renforcer celui que m'avaient donné les deux pavés inégaux et m'exhorter à persévérer dans ma tâche. Un domestique en effet venait, dans ses efforts infructueux pour ne pas faire de bruit, de cogner une cuiller contre une assiette. Le même genre de félicité que m'avaient donné les dalles inégales m'envahit; les sensations étaient de grande chaleur encore mais toutes différentes: mêlée d'une odeur de fumée, apaisée par la fraîche odeur d'un cadre forestier; et je reconnus que ce qui me paraissait si agréable était la même rangée d'arbres que j'avais trouvée ennuyeuse à observer et à décrire, et devant laquelle, débouchant la canette de bière que j'avais dans le wagon, je venais de croire un instant, dans une sorte d'étourdissement, que je me trouvais, tant le bruit identique de la cuiller contre l'assiette m'avait donné, avant que j'eusse eu le temps de me ressaisir, l'illusion du bruit du marteau d'un employé qui avait arrangé quelque chose à une roue du train pendant que nous étions arrêtés devant ce petit bois.

»Le Temps Retrouvé« - p. 2263.

Il s'essuie la bouche avec une serviette

lors on eût dit que les signes qui devaient, ce jour-là, me tirer de mon découragement et me rendre la foi dans les lettres, avaient à cœur de se multiplier, car un maître d'hôtel depuis longtemps au service du prince de Guermantes n'ayant reconnu, et m'ayant apporté dans la bibliothèque où j'étais pour m'éviter d'aller au buffet, un choix de petits fours, un verre d'orangeade, je m'essuyai la bouche avec la serviette qu'il m'avait donnée; mais aussitôt, comme le personnage des Mille et Une Nuits qui sans le savoir accomplissait précisément le rite qui faisait apparaître, visible pour lui seul, un docile génie prêt à le transporter au loin, une nouvelle vision d'azur passa devant mes yeux; mais il était pur et salin, il se gonfla en mamelles bleuâtres; l'impression fut si forte que le moment que je vivais me sembla être le moment actuel; plus hébété que le jour où je me demandais si j'allais vraiment être accueilli par la princesse de Guermantes ou si tout n'allait pas s'effondrer, je croyais que le domestique venait d'ouvrir la fenêtre sur la plage et que tout m'invitait à descendre me promener le long de la digue à marée haute; la serviette que j'avais prise pour m'essuyer la bouche avait précisément le genre de raideur et d'empesé de celle avec laquelle j'avais eu tant de peine à me sécher devant la fenêtre, le premier jour de mon arrivée à Balbec, et, maintenant devant cette bibliothèque de l'hôtel de Guermantes, elle déployait, réparti dans ses pans et dans ses cassures, le plumage d'un océan vert et bleu comme la queue d'un paon. Et je ne jouissais pas que de ces couleurs, mais de tout un instant de ma vie qui les soulevait, qui avait été sans doute aspiration vers elles, dont quelque sentiment de fatigue ou de tristesse m'avait peut-être empêché de jouir à Balbec, et qui maintenant, débarrassé de ce qu'il y a d'imparfait dans la perception extérieure, pur et désincarné, me gonflait d'allégresse.

»Le Temps Retrouvé«- p. 2264.

Le cri strident d'une conduite d'eau

Et au moment où je raisonnais ainsi, le bruit strident d'une conduite d'eau tout à fait pareil à ces longs cris que parfois l'été les navires de plaisance faisaient entendre le soir au large de Balbec, me fit éprouver (comme me l'avait déjà fait une fois à Paris, dans un grand restaurant, la vue d'une luxueuse salle à manger à demi vide, estivale et chaude) bien plus qu'une sensation simplement analogue à celle que j'avais à la fin de l'après-midi à Balbec quand toutes les tables étant déjà couvertes de leur nappe et de leur argenterie, les vastes baies vitrées restant ouvertes tout en grand sur la digue, sans un seul intervalle, un seul »plein« de verre ou de pierre, tandis que le soleil descendait lentement sur la mer où commençaient à crier les navires, je n'avais, pour rejoindre Albertine et ses amies qui se promenaient sur la digue, qu'à enjamber le cadre de bois à peine plus haut que ma cheville, dans la charnière duquel on avait fait pour l'aération de l'hôtel glisser toutes ensemble les vitres qui se continuaient. Mais le souvenir douloureux d'avoir aimé Albertine ne se mêlait pas à cette sensation. Il n'est de souvenir douloureux que des morts. Or ceux-ci se détruisent vite et il ne reste plus autour de leurs tombes mêmes que la beauté de la nature, le silence, la pureté de l'air. Ce n'était d'ailleurs même pas seulement un écho, un double d'une sensation passée que venait de me faire éprouver le bruit de la conduite d'eau, mais cette sensation elle-même. Dans ce cas-là, comme dans tous les précédents, la sensation commune avait cherché à recréer autour d'elle le lieu ancien, cependant que le lieu actuel qui en tenait la place s'opposait de toute la résistance de sa masse à cette immigration dans un hôtel de Paris d'une plage normande ou d'un talus d'une voie de chemin de fer. La salle à manger marine de Balbec, avec son linge damassé préparé comme des nappes d'autel pour recevoir le coucher du soleil, avait cherché à ébranler la solidité de l'hôtel de Guermantes, à en forcer les portes et avait fait vaciller un instant les canapés autour de moi, comme elle avait fait un autre jour les tables du restaurant de Paris. Toujours, dans ces résurrections-là, le lieu lointain engendré autour de la sensation commune s'était accouplé un instant, comme un lutteur, au lieu actuel. Toujours le lieu avait été vainqueur; toujours c'était le vaincu qui m'avait paru le plus beau; si beau que j'étais resté en extase sur le pavé inégal comme devant la tasse de thé, cherchant à maintenir aux moments où il apparaissait, à faire réapparaître dès qu'il m'avait échappé, ce Combray, ce Venise, ce Balbec envahissants et refoulés qui s'élevaient pour m'abandonner ensuite au sein de ces lieux nouveaux, mais perméables pour le passé. Et si le lieu actuel n'avait pas été aussitôt vainqueur, je crois que j'aurais perdu connaissance; car ces résurrections du passé, dans la seconde qu'elles durent, sont si totales qu'elles n'obligent pas seulement nos yeux à cesser de voir la chambre qui est près d'eux pour regarder la voie bordée d'arbres ou la marée montante. Elles forcent nos narines à respirer l'air de lieux pourtant lointains, notre volonté à choisir entre les divers projets qu'ils nous proposent, notre personne tout entière à se croire entourée par eux, ou du moins à trébucher entre eux et les lieux présents, dans l'étourdissement d'une incertitude pareille à celle qu'on éprouve parfois devant une vision ineffable, au moment de s'endormir.

»Le Temps Retrouvé« -.p. 2268-2269.

François le Champi de George Sand

*J*ustement, comme, en entrant dans cette bibliothèque, je m'étais souvenu de ce que les Goncourt disent des belles éditions originales qu'elle contient, je m'étais promis de les regarder tandis que j'étais enfermé ici.

Et tout en poursuivant mon raisonnement, je tirais un à un, sans trop y faire attention du reste, les précieux volumes, quand, au moment où j'ouvrais distraitement l'un deux: François le Champi de George Sand, je me sentis désagréablement frappé comme par quelque impression trop en désaccord avec mes pensées actuelles, jusqu'au moment où, avec une émotion qui allait jusqu'à me faire pleurer, je reconnus combien cette impression était d'accord avec elles.

Tandis que dans la chambre mortuaire les employés des pompes funèbres se préparent à descendre la bière, le fils d'un homme qui a rendu des services à la patrie serre la main aux derniers amis qui défilent, si tout à coup retentit sous les fenêtres une fanfare, il se révolte, croyant à quelque moquerie dont on insulte son chagrin.

Mais lui, qui est resté maître de soi jusque-là, ne peut plus retenir ses larmes; car il vient de comprendre que ce qu'il entend c'est la musique d'un régiment qui s'associe à son deuil et rend honneur à la dépouille de son père. Tel, je venais de reconnaître combien s'accordait avec mes pensées actuelles la douloureuse impression que j'avais éprouvée en lisant le titre d'un livre dans la bibliothèque du prince de Guermantes; titre qui m'avait donné l'idée que la littérature nous offrait vraiment ce monde de mystère que je ne trouvais plus en elle.

Et pourtant ce n'était pas un livre bien extraordinaire, c'était François le Champi. Mais ce nom-là, comme le nom des Guermantes, n'était pas pour moi comme ceux que j'avais connus depuis: le souvenir de ce qui m'avait semblé inexplicable dans le sujet de François le Champi tandis que maman me lisait le livre de George Sand était réveillé par ce titre (aussi bien que le nom de Guermantes, quand je n'avais pas vu les Guermantes depuis longtemps, contenait pour moi tant de féodalité – comme François le Champi l'essence du roman -), et se substituait pour un instant à l'idée fort commune de ce que sont les romans berrichons de George Sand. Dans un dîner, quand la pensée reste toujours à la surface, j'aurais pu sans doute parler de François le Champi et des Guermantes sans que ni l'un ni l'autre fussent ceux de Combray. Mais quand j'étais seul, comme en ce moment, c'est à une profondeur plus grande que j'avais plongé.

A ce moment là, l'idée que telle personne dont j'avais fait la connaissance dans le monde était cousine de Mme de Guermantes, c'est-à-dire d'un personnage de lanterne magique, me semblait incompréhensible, et tout autant, que les plus beaux livres que j'avais lus fussent – je ne dis pas même supérieurs, ce qu'ils étaient pourtant – mais égaux à cet extraordinaire François le Champi. C'était une impression bien ancienne, où mes souvenirs d'enfance et de famille étaient tendrement mêlés et que je n'avais pas reconnue tout de suite. Je m'étais au premier instant demandé avec colère quel était l'étranger qui venait me faire mal. Cet étranger, c'était moi-même, c'était l'enfant que j'étais alors, que le livre venait de susciter en moi, car de moi ne connaissant que cet enfant, c'est cet enfant que le livre avait appelé tout de suite, ne voulant être regardé que par ses yeux, aimé que par son cœur, et ne parler qu'à lui.

Aussi ce livre que ma mère m'avait lu haut à Combray presque jusqu'au matin, avait-il gardé pour moi tout le charme de cette nuit-là. Certes, la »plume« de George Sand, pour prendre une expression de Brichot qui aimait tant dire qu'un livre était écrit »d'une plume alerte«, ne me semblait pas du tout, comme elle avait paru si longtemps à ma mère avant qu'elle modelât lentement ses goûts littéraires sur les miens, une plume magique. Mais c'était une plume que sans le vouloir j'avais électrisée comme s'amusent souvent à faire les collégiens, et voici que mille riens de Combray, et que je n'apercevais plus depuis longtemps, sautaient légèrement d'eux-mêmes et venaient à la queue leu leu se suspendre au bec aimanté, en une chaîne interminable et tremblante de souvenirs.
Le Temps Retrouvé« - p. 2275.

Le temps à l'état pur

*L*a cause de cette félicité... je la devinais en comparant entre elles ces diverses impressions bienheureuses et qui avaient entre elles ceci de commun que j'éprouvais à la fois dans le moment actuel et dans un moment éloigné le bruit de la cuiller sur l'assiette, l'inégalité des dalles, le goût de la madeleine, jusqu'à faire empiéter le passé sur le présent, à me faire hésiter à savoir dans lequel des deux je me trouvais; au vrai, l'être qui alors goûtait en moi cette impression la goûtait en ce qu'elle avait de commun dans un jour ancien et maintenant, dans ce qu'elle avait d'extra-temporel, un être qui n'apparaissait que quand, par une de ces identités entre le présent et le passé, il pouvait se trouver dans le seul milieu où il pût vivre, jouir de l'essence des choses, c'est-à-dire en dehors du temps. Cela expliquait que mes inquiétudes au sujet de ma mort eussent cessé au moment où j'avais reconnu inconsciemment le goût de la petite madeleine jusqu'à ce moment-là, l'être que j'avais été, était un être extra-temporel, par conséquent insoucieux des vicissitudes de l'avenir. Il ne vivait que de l'essence des choses, et ne pouvait la saisir dans le présent où l'imagination n'entrant pas en jeu, les sens étaient incapables de la lui fournir; l'avenir même vers lequel se tend l'action nous l'abandonne. Cet être-là n'était jamais venu à moi, ne s'était jamais manifesté, qu'en dehors de l'action, de la jouissance immédiate, chaque fois que le miracle d'une analogie m'avait fait échapper au présent. Seul, il avait le pouvoir de me faire retrouver les jours anciens, le temps perdu, devant quoi les efforts de ma mémoire et de mon intelligence échouaient toujours …

J'avais un tel appétit de vivre maintenant que venait de renaître en moi; à trois reprises, un véritable moment du passé.

... Rien qu'un moment du passé? Beaucoup plus, peut-être; quelque chose qui, commun à la fois au passé et au présent, est beaucoup plus essentiel qu'eux deux.

Tant de fois, au cours de ma vie, la réalité m'avait déçu parce qu'au moment où je la percevais, mon imagination, qui était mon seul organe pour jouir de la beauté, ne pouvait s'appliquer à elle, en vertu de la loi inévitable qui veut qu'on ne puisse imaginer que ce qui est absent. Et voici que soudain l'effet de cette dure loi s'était trouvé neutralisé, suspendu, par un expédient merveilleux de la nature, qui avait fait miroiter une sensation – bruit de la fourchette et du marteau, même titre de livre, etc. – à la fois dans le passé, ce qui permettait à mon imagination de la goûter, et dans le présent où l'ébranlement effectif de mes sens par le bruit, le contact du linge, etc. avait ajouté aux rêves de l'imagination ce dont ils sont habituellement dépourvus, l'idée d'existence – et grâce à ce subterfuge avait permis à mon être d'obtenir, d'isoler, d'immobiliser – la durée d'un éclair – ce qu'il n'appréhende jamais: un peu de temps à l'état pur.

L'être qui était rené en moi quand, avec un tel frémissement de bonheur, j'avais entendu le bruit commun à la fois à la cuiller qui touche l'assiette et au marteau qui frappe sur la roue, à l'inégalité pour les pas des pavés de la cour Guermantes et du baptistère de Saint-Marc, etc..., cet être-là ne se nourrit que de l'essence des choses, en elle seulement il trouve sa subsistance, ses délices. Il languit dans l'observation du présent où les sens ne peuvent la lui apporter, dans la considération d'un passé que l'intelligence lui dessèche, dans l'attente d'un avenir que la volonté construit avec des fragments du présent et du passé auxquels elle retire encore de leur réalité en ne conservant d'eux que ce qui convient à la fin utilitaire, étroitement humaine, qu'elle leur assigne.

Mais qu'un bruit, qu'une odeur, déjà entendu ou respirée jadis, le soient de nouveau, à la fois dans le présent et dans le passé, réels sans être actuels, idéaux sans être abstraits, aussitôt l'essence permanente et habituellement cachée des choses se trouve libérée, et notre vrai moi qui, parfois depuis longtemps, semblait mort, mais ne l'était pas entièrement, s'éveille, s'anime en recevant la céleste nourriture qui lui est apportée.

Une minute affranchie de l'ordre du temps a recréé en nous pour la sentir l'homme affranchi de l'ordre du temps. Et celui-là, on comprend qu'il soit confiant dans sa joie, même si le simple goût d'une madeleine ne semble pas contenir logiquement les raisons de cette joie, on comprend que le mot de »mort« n'ait pas de sens pour lui; situé hors du temps, que pourrait-il craindre de l'avenir ?

»Le Temps retrouvé«- p. 2266-2267.

RECITS DIVERS

Les titres qui se trouvent en tête des divers extraits qui vont suivre
ont été choisis par l'auteur en fonction du sujet y traité.

Du côté de Guermantes
(photo prise par l'auteur)

Citations introductives

»L'essentiel est que les parties de la Recherche restant morcelées, fragmentées, sans que rien leur manque: parties éternellement partielles, entraînées par le temps, boîtes entrouvertes et vases clos, sans former un tout, ni en supposer un, sans manquer de rien dans cet écartèlement, et dénonçant d'avance toute unité organisée qu'on voudrait y introduire.«
Gilles Deleuze – Proust et les signes - Quadrige, p. 101.

»La recherche, plus que le regret ou le délice d'instants vécus au hasard, c'est peut-être surtout l'exhumation de tous les »moi« de Proust successivement morts, avec leur cortège de parents, d'amis, de domestiques, leur décor, leurs nuances, tout ce qui faisait d'eux une de ces choses »que jamais l'on ne verra deux fois«.
Benjamin Crémieux – »Note sur la mémoire chez Proust« – NRF, »Hommage à Marcel Proust«, 1923 - p. 101.

»Marcel Proust jetait sur la vie un regard pareil à celui qu'on prête à la mouche, un regard à mille facettes. Il voyait polygonalement. Il voyait les vingt côtés d'une question ou d'un sujet et en ajoutait un vingt et unième qui était un prodige d'invention et d'ingéniosité.«
Fernand Gregh – »Mon amitié avec Marcel Proust« –p. 48.

La vie intellectuelle

ussi le côté de Méséglise et le côté de Guermantes restent-ils pour moi liés à bien des petits événements de celle de toutes les diverses vies que nous menons parallèlement, qui est la plus pleine de péripéties, la plus riche en épisodes, je veux dire la vie intellectuelle.

Sans doute elle progresse en nous insensiblement et les vérités qui en ont changé pour nous le sens et l'aspect, qui nous ont ouvert de nouveaux chemins, nous en préparions depuis longtemps la découverte; mais c'était sans le savoir; et elles ne datent pour nous que du jour, de la minute où elles nous sont devenues visibles.

Les fleurs qui jouaient alors sur l'herbe, l'eau qui passait au soleil, tout le paysage qui environna leur apparition continue à accompagner leur souvenir de son visage inconscient ou distrait; et certes quand ils étaient longuement contemplés par cet humble passant, par cet enfant qui rêvait – comme l'est un roi, par un mémorialiste perdu dans la foule -, ce coin de nature, ce bout de jardin n'eussent pu penser que ce serait grâce à lui qu'ils seraient appelés à survivre en leurs particularités les plus éphémères; et pourtant ce parfum d'aubépine qui butine le long de la haie où les églantiers le remplaceront bientôt, un bruit de pas sans écho sur le gravier d'une allée, une bulle formée contre une plante aquatique par l'eau de la rivière et qui crève aussitôt, mon exaltation les a portés et a réussi à leur faire traverser tant d'années successives, tandis qu'alentour les chemins se sont effacés et que sont morts ceux qui les foulèrent et le souvenir de ceux qui les foulèrent.

Parfois ce morceau de paysage amené ainsi jusqu'à aujourd'hui se détache si isolé de tout, qu'il flotte incertain dans ma pensée comme une Délos fleurie, sans que je puisse dire de quel pays, de quel temps – peut-être tout simplement de quel rêve – il vient. Mais c'est surtout comme à des gisements profonds de mon sol mental, comme aux terrains résistants sur lesquels je m'appuie encore, que je dois penser au côté de Méséglise et au côté de Guermantes.

C'est parce que je croyais aux choses, aux êtres, tandis que je les parcourais, que les choses, les êtres qu'ils m'ont fait connaître, sont les seuls que je prenne encore au sérieux et qui me donnent encore de la joie. Soit que la foi qui crée soit tarie en moi, soit que la réalité ne se forme que dans la mémoire, les fleurs qu'on me montre aujourd'hui pour la première fois ne me semblent pas de vraies fleurs. Le côté de Méséglise avec ses lilas, ses aubépines, ses bluets, ses coquelicots, ses pommiers, le côté de Guermantes avec sa rivière à têtards, ses nymphéas et ses boutons d'or, ont constitué à tout jamais pour moi la figure des pays où j'aimerais vivre, où j'exige avant tout qu'on puisse aller à la pêche, se promener en canot, voir des ruines de fortifications gothiques et trouver au milieu des blés, ainsi qu'était Saint-André-des Champs, une église monumentale, rustique et dorée comme une meule; et les bluets, les aubépines, les pommiers qu'il m'arrive quand je voyage de rencontrer encore dans les champs, parce qu'ils sont situés à la même profondeur, au niveau de mon passé, sont immédiatement en communication avec mon cœur ...

Du côté de chez Swann – Combray, II« – p. 151-152.

Eglise Saint-Hilaire à Illiers-sur-Combray (photo prise par l'auteur)

Le clocher de Saint-Hilaire

O n reconnaissait le clocher de Saint-Hilaire de bien loin, inscrivant sa figure inoubliable à l'horizon où Combray n'apparaissait pas encore; quand du train qui, la semaine de Pâques, nous amenait de Paris, mon père l'apercevait qui filait tour à tour sur tous les sillons du ciel, faisant courir en tous sens son petit coq de fer, il nous disait: »Allons, prenez les couvertures, on est arrivé.« Et dans une des plus grandes promenades que nous faisions de Combray, il y avait un endroit où la route resserrée débouchait tout à coup sur un immense plateau fermé à l'horizon par des forêts déchiquetées que dépassait seule la fine pointe du clocher de Saint-Hilaire, mais si mince, si rose, qu'elle semblait seulement rayée sur le ciel par un ongle qui aurait voulu donner à ce paysage, à ce tableau rien que de nature, cette petite marque d'art, cette unique indication humaine. Quand on se rapprochait et qu'on pouvait apercevoir le reste de la tour carrée et à demi détruite qui, moins haute, subsistait à côté de lui, on était frappé surtout du ton rougeâtre et sombre des pierres; et, par un matin brumeux d'automne, on aurait dit, s'élevant au-dessus du violet orageux des vignobles, une ruine de pourpre presque de la couleur de la vigne vierge.

Souvent sur la place, quand nous rentrions, ma grand-mère me faisait arrêter pour le regarder.

Des fenêtres de sa tour, placées deux par deux, les unes au-dessus des autres, avec cette juste et originale proportion dans les distances qui ne donne pas de la beauté et de la dignité qu'aux visages humains, il lâchait, laissait tomber à intervalles réguliers des volées de corbeaux qui, pendant un moment, tournoyaient en criant, comme si les vieilles pierres qui les laissaient s'ébattre sans paraître les voir, devenues tout d'un coup inhabitables et dégageant un principe d'agitation infinie, les avaient frappés et repoussés. Puis, après avoir rayé en tous sens le velours violet de l'air du soir, brusquement calmés ils revenaient s'absorber dans la tour, de néfaste redevenue propice, quelques-uns posés çà et là, ne semblant pas bouger, mais happant peut-être quelque insecte sur la pointe d'un clocheton comme une mouette arrêtée avec l'immobilité d'un pêcheur à la crête d'une vague.

»Du côté de chez Swann – Combray, II« – p. 58-59.

Les feuilles de tilleul

Au bout d'un moment, j'entrais l'embrasser; Françoise faisait infuser son thé; ou, si ma tante se sentait agitée, elle demandait à la place sa tisane et c'était moi qui étais chargé de faire tomber du sac de pharmacie dans une assiette la quantité de tilleul qu'il fallait mettre ensuite dans l'eau bouillante.

Le dessèchement des tiges les avait incurvées en un capricieux treillage dans les entrelacs duquel s'ouvraient les fleurs pâles, comme si un peintre les eût arrangées, les eût fait poser de la façon la plus ornementale. Les feuilles, ayant perdu ou changé leur aspect, avaient l'air des choses les plus disparates, d'une aile transparente de mouche, de l'envers blanc d'une étiquette, d'un pétale de rose, mais qui eussent été empilées, concassées ou tressées comme dans la confection d'un nid. Mille petits détails inutiles – charmante prodigalité du pharmacien – qu'on eût supprimés dans une préparation factice, me donnaient, comme un livre où on s'émerveille de rencontrer le nom d'un personne de connaissance, le plaisir de comprendre que c'était bien des tiges de vrais tilleuls, comme ceux que je voyais avenue de la Gare, modifiées, justement parce que c'étaient non des doubles, mais elles-mêmes et qu'elles avaient vieilli. Et chaque caractère nouveau n'y étant que la métamorphose d'un caractère ancien, dans de petites boules grises je reconnaissais les boutons verts qui ne sont pas venus à terme; mais surtout l'éclat rose, lunaire et doux qui faisait se détacher les fleurs dans la forêt fragile des tiges où elles étaient suspendues comme de petites roses d'or – signe, comme la lueur qui révèle encore sur une muraille la place d'une fresque effacée, de la différence entre les parties de l'arbre qui avaient été »en couleur« et celles qui ne l'avaient pas été – me montrait que ces pétales étaient bien ceux qui avant de fleurir le sac de pharmacie avaient embaumé les soirs de printemps. Cette flamme rose de cierge, c'était leur couleur encore, mais à demi éteinte et assoupie dans cette vie diminuée qu'était la leur maintenant et qui est comme le crépuscule des fleurs. Bientôt ma tante pouvait tremper dans l'infusion bouillante dont elle savourait le goût de feuille morte ou de fleur fanée, une petite madeleine dont elle me tendait un morceau quand il était suffisamment amolli.

»Du côté de chez Swann – Combray, II« – p. 49-50.

Ces chambres de province

C'étaient de ces chambres de province qui - de même qu'en certains pays des parties entières de l'air ou de la mer sont illuminées ou parfumées par des myriades de protozoaires que nous ne voyons pas – nous enchantent des mille odeurs qu'y dégagent les vertus, la sagesse, les habitudes, toute une vie secrète, invisible, surabondante et morale que l'atmosphère y tient en suspens; odeurs naturelles encore, certes, et couleur du temps comme celles de la campagne voisine , mais déjà casanières, humaines et renfermées, gelée exquise industrieuse et limpide de tous les fruits de l'année qui ont quitté le verger pour l'armoire; saisonnières, mais mobilières et domestiques, corrigeant le piquant de la gelée blanche par la douceur du pain chaud, oisives et ponctuelles comme une horloge de village, flâneuses et rangées, insoucieuses et prévoyantes, lingères, matinales, dévotes, heureuses d'une paix qui n'apporte qu'un surcroît d'anxiété et d'un prosaïsme qui sert de grand réservoir de poésie à celui qui la traverse sans y avoir vécu. L'air y était saturé de la fine fleur d'un silence si nourricier, si succulent que je ne m'y avançais qu'avec une sorte de gourmandise, surtout par ces premiers matins encore froids de la semaine de Pâques où je le goûtais mieux parce que je venais seulement d'arriver à Combray: avant que j'entrasse souhaiter le bonjour à ma tante on me faisait attendre un instant, dans la première pièce où le soleil, d'hiver encore, était venu se mettre au chaud devant le feu, déjà allumé entre les deux briques et qui badigeonnait toute la chambre d'une odeur de suie, en faisait comme un de ces grands »devants de four« de campagne, ou de ces manteaux de cheminée de châteaux, sous lesquels on souhaite que se déclarent dehors la pluie, la neige, même quelque catastrophe diluvienne pour ajouter au confort de la réclusion la poésie de l'hivernage; je faisais quelques pas du prie-Dieu aux fauteuils en velours frappé, toujours revêtus d'un appui-tête au crochet; et le feu cuisant comme une pâte les appétissantes odeurs dont l'air de la chambre était tout grumeleux et qu'avait déjà fait travailler et

»lever« la fraîcheur humide et ensoleillée du matin, il les feuilletait, les dorait, les godait, les boursouflait, en faisant un invisible et palpable gâteau provincial, un immense »chausson« où, à peine goûtés les arômes plus croustillants, plus fins, plus réputés, mais plus secs aussi du placard, de la commode, du papier à ramages, je revenais toujours avec une convoitise inavouée m'engluer dans l'odeur médiane, poisseuse, fade, indigeste et fruitée du couvre-lit à fleurs.

»Du côté de chez Swann – Combray, II« – p. 48-49.

Aubépines

Q uand au moment de quitter l'église, je m'agenouillais devant l'autel, je sentis tout d'un coup, en me relevant, s'échapper des aubépines une odeur amère et douce d'amandes, et je re-marquai alors sur les fleurs de petites places plus blondes, sous lesquelles je me figurai que devait être cachée cette odeur comme sous les parties gratinées le goût d'une frangipane ou sous leurs tâches de rousseur, celui des joues de Mlle Vinteuil.

Malgré la silencieuse immobilité des aubépines, cette intermittente odeur était comme le murmure de leur vie intense dont l'autel vibrait ainsi qu'une haie agreste visitée par de vivantes antennes, auxquelles on pensait en voyant certaines étamines, presque rousses qui semblaient avoir gardé la virulence printanière, le pouvoir irritant, d'insectes aujourd'hui métamorphosés en fleurs.

»Du côté de chez Swann – Combray, II« p 97.98.

L'adieu aux Aubépines

C ette année-là, quand, un peu plus tôt que d'habitude, mes parents eurent fixé le jour de rentrer à Paris, le matin du départ, comme on m'avait fait friser pour être photo-graphié, coiffer avec précaution un chapeau que je n'avais encore jamais mis et revêtir une douillette de velours, après m'avoir cherché partout, ma mère me trouva en larmes dans le petit raidillon, contigu à Tansonville, en train de dire adieu aux aubépines, entourant de mes bras les branches piquantes, et, comme une princesse de tragédie à qui pèseraient ces vains ornements, ingrat envers l'importune main qui en formant tous ces nœuds avait pris soin sur mon front d'assembler mes cheveux, foulant aux pieds mes papillotes arrachées et mon chapeau neuf.

Ma mère ne fut pas touchée par mes larmes, mais elle ne put retenir un cri à la vue de la coiffe défoncée et de la douillette perdue. Je ne l'entendis pas: »*Ô mes pauvres petites aubépines, disais-je en pleurant, ce n'est pas vous qui voudriez me faire du chagrin, me forcer à partir. Vous, vous ne m'avez jamais fait de la peine! Aussi je vous aimerai toujours.*«

Et, essuyant mes larmes, je leur promettais, quand je serai grand, de ne pas imiter la vie insensée des autres hommes et, même à Paris, les jours de printemps, au lieu d'aller faire des visites et écouter des niaiseries, de partir dans la campagne voir les premières aubépines.

»**Du côté de chez Swann - Combray, II**« – **p. 121-122.**

La Branche de pommier

Combien de fois à Paris, dans le mois de mai de l'année suivante, il m'arriva d'acheter une branche de pommier chez le fleuriste et de passer ensuite la nuit devant ses fleurs où s'épanouissait la même essence crémeuse qui poudrait encore de son écume les bourgeons de feuilles et entre les branches corolles desquelles il semblait que ce fût le marchand qui par générosité envers moi, par goût inventif aussi et contraste ingénieux, eût ajouté de chaque côté, en surplus, un seyant bouton rose; je les regardais, je les faisais poser sous ma lampe – si longtemps que j'étais souvent encore là quand l'aurore leur apportait la même rougeur qu'elle devait faire en même temps à Balbec – et je cherchais à les reporter sur cette route par l'imagination, à les multiplier, à les étendre dans le cadre préparé, sur la toile toute prête, de ces clos dont je savais le dessin par cœur et que j'aurais tant voulu, qu'un jour je devais, revoir, au moment où avec la verve ravissante du génie, le printemps couvre leur canevas de ses couleurs.

»A l'ombre des jeunes filles en fleurs«– p. 560.

Une journée de printemps

*L*â où je n'avais vu avec ma grand-mère, au mois d'août, que les feuilles et comme l'emplacement des pommiers, à perte de vue ils étaient en pleine floraison, d'un luxe inouï, les pieds dans la boue et toilette de bal, ne prenant pas de précautions pour ne pas gâter le plus merveilleux satin rose qu'on eût jamais vu et que faisait briller le soleil; l'horizon lointain de la mer fournissait aux pommiers comme un arrière-plan d'estampe japonaise; si je levais la tête pour regarder le ciel entre les fleurs, qui faisaient paraître son bleu rasséréné, presque violent, elles semblaient s'écarter pour montrer la profondeur de ce paradis. Sous cet azur une brise légère mais froide faisait trembler légèrement les bouquets rougissants. Des mésanges bleues venaient se poser sur les branches et sautaient entre les fleurs, indulgentes, comme si c'eût été un amateur d'exotisme et de couleurs qui avait artificiellement créé cette beauté vivante. Mais elle touchait jusqu'aux larmes parce que, si loin qu'elle allât dans ses effets d'art raffiné, on sentait qu'elle était naturelle, que ces pommiers étaient là en pleine campagne comme des paysans, sur une grande route de France. Puis aux rayons du soleil succédèrent subitement ceux de la pluie; ils zébrèrent tout l'horizon, enserrèrent la file des pommiers dans leur réseau gris. Mais ceux-ci continuaient à dresser leur beauté, fleurie et rose, dans le vent devenu glacial sous l'averse qui tombait: c'était une journée de printemps.

»Sodome et Gomorrhe II«– p. 1346.

Le Téléphone

Le téléphone n'était pas encore à cette époque d'un usage aussi courant qu'aujourd'hui. Et pourtant l'habitude met si peu de temps à dépouiller de leur mystère les forces sacrées avec lesquelles nous sommes en contact que, n'ayant pas eu ma communication immédiatement, la seule pensée que j'eus, ce fut que c'était bien long, bien incommode, et presque l'intention d'adresser une plainte: comme nous tous maintenant, je ne trouvais pas assez rapide à mon gré, dans ses brusques changements, l'admirable féerie à laquelle quelques instants suffisent pour qu'apparaisse près de nous, invisible mais présent, l'être à qui nous voulions parler et qui, restant à sa table, dans la ville qu'il habite (pour ma grand-mère c'était Paris), sous un ciel différent du nôtre, par un temps qui n'est pas forcément le même, au milieu de circonstances et de préoccupations que nous ignorons et que cet être va nous dire, se trouve tout à coup transporté à des centaines de lieues (lui et toute l'ambiance où il reste plongé) près de notre oreille, au moment où notre caprice l'a ordonné. Et nous sommes comme le personnage du conte à qui une magicienne sur le souhait qu'il en exprime, fait apparaître, dans une clarté surnaturelle, sa grand-mère ou sa fiancée en train de feuilleter un livre, de verser des larmes, de cueillir des fleurs, tous près du spectateur et pourtant très loin, à l'endroit même où elle se trouve réellement. Nous n'avons, pour que ce miracle s'accomplisse, qu'à approcher nos lèvres de la planchette magique et à appeler – quelquefois un peu trop longtemps, je le veux bien – les Vierges Vigilantes dont nous entendons chaque jour la voix sans jamais connaître le visage, et qui sont nos Anges gardiens dans les ténèbres vertigineuses dont elles surveillent jalousement les portes; les Toutes-Puissantes par qui les absents surgissent à notre côté, sans qu'il soit permis de les apercevoir; les Danaïdes de l'invisible qui sans cesse vident, remplissent, se transmettent les urnes des sons; les ironiques Furies qui, au moment que nous murmurions une confidence à une amie, avec l'espoir que personne ne

79

nous entendait, nous crient cruellement: »J'écoute«; les servantes toujours irritées du Mystère, les ombrageuses prêtresses de l'Invisible, les Demoiselles du téléphone!

Et aussitôt que notre appel a retenti, dans la nuit pleine d'apparitions sur laquelle nos oreilles s'ouvrent seules, un bruit léger – un bruit abstrait – celui de la distance supprimée – et la voix de l'être cher s'adresse à nous. C'est lui, c'est sa voix qui nous parle, qui est là. Mais comme elle est loin!
»Le côté de Guermantes I«– p. 847-848.

Balbec et les couchers du soleil

Les cieux de Balbec

*I*l y a dans les nuages ce soir des violets et des bleus bien beaux, n'est-ce pas, mon compagnon, dit-il à mon père, un bleu surtout plus floral qu'aérien, un bleu de cinéraire, qui surprend dans le ciel. Et ce petit nuage rose n'a-t-il pas aussi un teint de fleur, d'œillet ou d'hydrangea? Il n'y a guère que dans la Manche, entre Normandie et Bretagne, que j'ai pu faire de plus riches observations sur cette sorte de règne végétal de l'atmosphère.

Là-bas près de Balbec, près de ces lieux si sauvages, il y a une petite baie d'une douceur charmante où le coucher de soleil du pays d'Auge, le coucher de soleil rouge et or que je suis loin de dédaigner, d'ailleurs, est sans caractère, insignifiant; mais dans cette atmosphère humide et douce s'épanouissent le soir en quelques instants de ces bouquets célestes, bleus et roses, qui sont incomparables et qui mettent souvent des heures à se faner.

D'autres s'effeuillent tout de suite et c'est alors plus beau encore de voir le ciel entier que jonche la dispersion d'innombrables pétales soufrés ou roses.

»Du côté de chez Swann – Combray, II«- p. 110.

La Chambre au Grand-Hôtel de Balbec

C'est notre attention qui met des objets dans une chambre, et l'habitude qui les en retire et nous y fait de la place. De la place, il n'y en avait pas pour moi dans ma chambre de Balbec (mienne de nom seulement), elle était pleine de choses qui ne me connaissaient pas, me rendirent le coup d'œil méfiant que je leur jetai et sans tenir aucun compte de mon existence, témoignèrent que je dérangeais le train-train de la leur.

La pendule – alors qu'à la maison je n'entendais la mienne que quelques secondes par semaine, seulement quand je sortais d'une profonde méditation – continua sans s'interrompre un instant à tenir dans une langue inconnue des propos qui devaient être désobligeants pour moi, car les grands rideaux violets l'écoutaient sans répondre mais dans une attitude analogue à celle des gens qui haussent les épaules pour montrer que la vue d'un tiers les irrite.

Ils donnaient à cette chambre si haute un caractère quasi historique qui eût pu la rendre appropriée à l'assassinat du duc de Guise, et plus tard à une visite de touristes conduits par un guide de l'agence Cook, - mais nullement à mon sommeil.

J'étais tourmenté par la présence de petites bibliothèques à vitrines, qui couraient le long des murs, mais surtout par une grande glace à pieds, arrêtée en travers de la pièce et avant le départ de laquelle je sentais qu'il n'y aurait pas pour moi de détente possible. Je levais à tout moment mes regards – que les objets de ma chambre de Paris ne gênaient pas plus que ne faisaient mes propres prunelles, car ils n'étaient plus que des annexes de mes organes, un agrandissement de moi-même – vers le plafond surélevé de ce belvédère situé au sommet de l'hôtel et que ma grand-mère avait choisi pour moi; et, jusque dans cette région plus intime que celle où nous voyons et où nous entendons, dans cette région où nous éprouvons la qualité des odeurs, c'était presque à l'intérieur de mon moi que celle du vétiver venait poussait dans mes derniers retranchements son offensive, à laquelle j'opposais non sans fatigue la riposte inutile et incessante d'un reniflement alarmé.

N'ayant plus d'univers, plus de chambre, plus de corps que menacé par les ennemis qui m'entouraient, qu'envahi jusque dans les os par la fièvre, j'étais seul, j'avais envie de mourir. Alors ma grand-mère entra; et à l'expansion de mon cœur refoulé s'ouvrirent aussitôt des espaces infinis. **»A l'ombre des jeunes filles en fleurs« - p. 529- 530.**

Le Directeur du Grand-Hôtel

Si intimidants que fussent toujours pour moi les repas, dans ce vaste restaurant, habituellement comble, du Grand-Hôtel, ils le devenaient davantage encore quand arrivait pour quelques jours le propriétaire (ou directeur général élu par une société de commanditaires, je ne sais) non seulement de ce palace, mais de sept ou huit autres situés aux quatre coins de la France et dans chacun desquels, faisant entre eux la navette, il venait passer, de temps en temps, une semaine.

Alors, presque au commencement du dîner, apparaissait chaque soir, à l'entrée de la salle à manger, cet homme petit, à cheveux blancs, à nez rouge, d'une impassibilité et d'une correction extraordinaires, et qui était connu, paraît-il, à Londres aussi bien qu'à Monte-Carlo, pour un des premiers hôteliers de l'Europe.

Une fois que j'étais sorti un instant au commencement du dîner, comme en rentrant je passai devant lui, il me salua, sans doute pour montrer que j'étais chez lui, mais avec une froideur dont je ne pus démêler si la cause était la réserve de quelqu'un qui n'oublie pas ce qu'il est, ou le dédain pour un client sans importance. Devant ceux qui en avaient au contraire une très grande, le Directeur général s'inclinait avec autant de froideur mais plus profondément, les paupières abaissées par une sorte de respect pudique, comme s'il eût eu devant lui, à un enterrement, le père de la défunte ou le Saint Sacrement.

Sauf pour ces saluts glacés et rares, il ne faisait pas un mouvement, comme pour montrer que ses yeux étincelants qui semblaient lui sortir de la figure, voyaient tout, réglaient tout, assuraient dans »le Dîner au Grand Hôtel« aussi bien le fini dans les détails que l'harmonie de l'ensemble. Il se sentait évidemment plus que metteur en scène, que chef d'orchestre, véritable généralissime. Jugeant qu'une contemplation portée à son maximum d'intensité lui suffisait pour s'assurer que tout était prêt, qu'aucune faute commise ne pouvait entraîner la déroute et pour prendre enfin ses responsabilités, il s'abstenait non seulement de tout geste, même de bouger ses yeux pétrifiés par l'attention qui embrassaient et dirigeaient la totalité des opérations. Je sentais que les mouvements de ma cuiller eux-mêmes ne lui échappaient pas, et s'éclipsât-il dès après le potage, entraîner la déroute et pour prendre enfin ses responsabilités, il s'abstenait non seulement de tout geste, même de bouger ses yeux pétrifiés par l'attention qui embrassaient et dirigeaient la totalité des opérations. Je sentais que les mouvements de ma cuiller eux-mêmes ne lui échappaient pas, et s'éclipsât-il dès après le potage, pour tout le dîner la revue qu'il venait de passer m'avait coupé l'appétit. Le sien était fort bon, comme on pouvait le voir au déjeuner qu'il prenait comme un simple particulier, à la même heure que tout le monde, dans la salle à manger. Sa table n'avait qu'une particularité, c'est qu'à côté, pendant qu'il mangeait, l'autre directeur, l'habituel, restait debout tout le temps à faire la conversation. Car étant le subordonné du directeur général, il cherchait à le flatter et avait de lui une grande peur.

»A l'ombre des jeunes filles en fleurs« p. 548.

La Princesse de Luxembourg

O n voyait souvent passer depuis quelques jours, en pom-peux équipage, grande, rousse, belle, avec un nez un peu fort, la princesse de Luxembourg qui était en villégiature pour quelques semaines dans le pays.

Sa calèche s'était arrêtée devant l'hôtel, un valet de pied était venu parler au directeur, était retourné à la voiture et avait rapporté des fruits merveilleux (qui unissaient dans une seule corbeille, comme la baie elle-même, diverses saisons), avec une carte: »*La princesse de Luxembourg*«, où étaient écrits quelques mots au crayon. A quel voyageur princier demeurant ici incognito, pouvaient être destinés ces prunes glauques, lumineuses et sphériques comme était à ce moment-là la rotondité de la mer, des raisins transparents suspendus au bois desséché comme une claire journée d'automne, des poires d'un outremer céleste ?

»A l'ombre d'une jeune fille en fleurs« - **p. 553.**

La Lettre de Gilberte

*U*n jour, à l'heure du courrier, ma mère posa sur mon lit une lettre. Je l'ouvris distraitement puisqu'elle ne pouvait pas porter la seule signature qui m'eût rendu heureux, celle de Gilberte avec qui je n'avais pas de relations en dehors des Champs-Elysées.

Or, au bas du papier, timbré d'un sceau d'argent représentant un chevalier casqué sous lequel se contournait cette devise: Per viam rectam, au dessous d'une lettre, d'une grande écriture, et où presque toutes les phrases semblaient soulignées, simplement parce que la barre des t étant tracée non au travers d'eux, mais au-dessus, mettait un trait sous le mot correspondant de la ligne supérieure, ce fut justement la signature de Gilberte que je vis.

Mais parce que je la savais impossible dans une lettre adressée à moi, cette vue, non accompagnée de croyance, ne me causa pas de joie. Pendant un instant elle ne fit que frapper d'irréalité tout ce qui m'entourait. Avec une vitesse vertigineuse, cette signature sans vraisemblance jouait aux quatre coins avec mon lit, ma cheminée, mon mur. Je voyais tout vaciller comme quelqu'un qui tombe de cheval et je me demandais s'il n'y avait pas une existence toute différente de celle que je connaissais, en contradiction avec elle, mais qui serait la vraie, et qui m'étant montrée tout d'un coup me remplissait de cette hésitation que les sculpteurs dépeignant le Jugement dernier ont donnée aux morts réveillés qui se trouvent au seuil de l'autre Monde.

»*Mon cher ami, disait la lettre, j'ai appris que vous aviez été très souffrant et que vous ne veniez plus aux Champs-Elysées. Moi je n'y vais guère non plus parce qu'il y a énormément de malades. Mais mes amies viennent goûter tous les lundis et vendredis à la maison. Maman me charge de vous dire que vous nous feriez grand plaisir en venant dès que vous serez rétabli, et nous pourrions reprendre à la maison nos bonnes causeries des Champs-Elysées. Adieu, mon cher ami, j'espère, que vos parents vous permettront de venir très souvent goûter, et je vous envoie toutes mes amitiés. Gilberte.«*

Tandis que je lisais ces mots, mon système nerveux recevait avec une diligence admirable la nouvelle qu'il m'arrivait un grand bonheur. Mais mon âme, c'est-à-dire moi-même, et en somme le principal intéressé, l'ignorait encore.

Le bonheur, le bonheur par Gilberte, c'était une chose à laquelle j'avais constamment songé, une chose toute en pensées, c'était comme disait Léonard de la peinture, cosa mentale.

Une feuille de papier couverte de caractères, la pensée ne s'assimile pas cela tout de suite. Mais dès que j'eus terminé la lettre, je pensai à elle, elle devint un objet de rêverie, elle devint, elle aussi, cosa mentale et je l'aimais déjà tant que toutes les cinq minutes il me fallait la relire, l'embrasser. Alors, je connus mon bonheur.

»A l'ombre des jeunes filles en fleurs« p. 399.

L'amour de Gilberte

E lle la mit dans son dos, je passai mes mains derrière son cou, en soulevant les nattes de cheveux qu'elle portait sur les épaules, soit que ce fût encore de son âge, soit que sa mère voulût la faire paraître plus longtemps enfant, afin de se rajeunir elle-même; nous luttions, arc-boutés.

Je tâchais de l'attirer, elle résistait; ses pommettes enflammées par l'effort étaient rouges et rondes comme des cerises; elle riait comme si je l'eusse chatouillée; je la tenais serrée entre mes jambes comme un arbuste après lequel j'aurais voulu grimper; et, au milieu de la gymnastique que je faisais, sans qu'en fût à peine augmenté l'essoufflement que me donnait l'exercice musculaire et l'ardeur du jeu, je répandis, comme quelques gouttes de sueur arrachées par l'effort, mon plaisir auquel je ne pus pas même m'attarder le temps d'en connaître le goût; aussitôt je pris la lettre. Alors Gilberte me dit avec bonté: »*Vous savez, si vous voulez, nous pouvons lutter encore un peu.*«

»A l'ombre des jeunes filles en fleurs« p.394.

90

Le Bouquet de Catleyas

e tous les modes de production de l'amour, de tous les agents de dissémination du mal sacré, il est bien l'un des plus efficaces, ce grand souffle d'agitation qui parfois passe sur nous.

Alors l'être avec qui nous nous plaisons à ce moment-là, le sort en est jeté, c'est lui que nous aimerons. Il n'est même pas besoin qu'il nous plût jusque-là plus ou même autant que d'autres. Ce qu'il fallait, c'est que notre goût pour lui devînt exclusif.

Et cette condition-là est réalisée quand – à ce moment où il nous fait défaut – à la recherche des plaisirs que son agrément nous donnait, s'est brusquement substitué en nous un besoin anxieux, qui a pour objet cet être même, un besoin absurde, que les lois de ce monde rendent impossible à satisfaire et difficile à guérir – le besoin insensé et douloureux de le posséder.

Swann se fit conduire dans les derniers restaurants; c'est la seule hypothèse du bonheur qu'il avait envisagée avec calme; il ne cachait plus maintenant son agitation, le prix qu'il attachait à cette rencontre et il promit en cas de succès une récompense à son cocher, comme si, en lui inspirant le désir de réussir qui viendrait s'ajouter à celui qu'il en avait lui-même, il pouvait faire qu'Odette, au cas où elle fût déjà rentrée se coucher, se trouvât pourtant dans un restaurant du boulevard. Il poussa jusqu'à la Maison Dorée, entra deux fois chez Tortoni et, sans l'avoir vue davantage, venait de ressortir du Café anglais, marchant à grands pas, l'air hagard, pour rejoindre sa voiture qui l'attendait au coin du boulevard des Italiens, quand il heurta une personne qui venait en sens contraire: c'était Odette; elle lui expliqua plus tard que n'ayant pas trouvé de place chez Prévost, elle était allée souper à la Maison Dorée dans un enfoncement où il ne l'avait pas découverte, et elle regagnait sa voiture. Elle s'attendait si peu à le voir qu'elle eut un mouvement d'effroi. Quant à lui, il avait couru Paris non parce qu'il croyait possible de la rejoindre, mais parce qu'il lui était trop cruel d'y renoncer.

Mais cette joie que sa raison n'avait cessé d'estimer, pour ce soir, irréalisable, ne lui en paraissait maintenant que plus réelle; car, il n'y avait pas collaboré par la prévision des vraisemblances, elle lui restait extérieure; il n'avait pas besoin de tirer de son esprit pour la lui fournir, c'est d'elle-même qu'émanait, c'est elle-même qui projetait vers lui, cette vérité qui rayonnait au point de dissiper comme un songe l'isolement qu'il avait redouté, et sur laquelle il appuyait, il reposait, sans penser, sa rêverie heureuse.

Ainsi un voyageur arrivé par un beau temps au bord de la Méditerranée, incertain de l'existence des pays qu'il vient de quitter, laisse éblouir sa vue, plutôt qu'il ne leur jette des regards, par les rayons qu'émet vers lui l'azur lumineux et résistant des eaux.

Il monta avec elle dans la voiture qu'elle avait et dit à la sienne de suivre. Elle tenait à la main un bouquet de catleyas et Swann vit, sous sa fanchon de dentelle, qu'elle avait dans les cheveux des fleurs de cette même orchidée attachées à une aigrette en plumes de cygne. Elle était habillée, sous sa mantille, d'un flot de velours noir, qui, par un rattrapé oblique, découvrait en un large triangle le bas d'une jupe de faille blanche et laissait voir un empiècement, également de faille blanche, à l'ouverture du corsage décolleté, où étaient enfoncées d'autres fleurs de catleyas. Elle était à peine remise de la frayeur que Swann lui avait causée quand un obstacle fit faire un écart au cheval. Ils furent vivement déplacés, elle avait jeté un cri et restait toute palpitante, sans respiration. »*Ce n'est rien, lui dit-il, n'ayez pas peur.*« Et il la tenait pas l'épaule, l'appuyant contre lui pour la maintenir; puis il lui dit:

»*Surtout, ne me parlez pas, ne me répondez que par signes pour ne pas vous essouffler encore davantage. Cela ne vous gêne pas que je remette droites les fleurs de votre corsage qui ont été déplacées par le choc? J'ai peur que vous ne les perdiez, je voudrais les enfoncer un peu.*« Elle, qui n'avait pas été habituée à voir les hommes faire tant de façons avec elle, dit en souriant: »*Non, pas du tout, ça ne me gêne pas.*«

Mais lui, intimidé par sa réponse, peut-être aussi pour avoir l'air d'avoir été sincère quand il avait pris ce prétexte, ou même commençant déjà à croire qu'il l'avait été, s'écria:

»*Oh! non, surtout, ne me parlez pas, vous allez encore vous essouffler, vous pouvez bien me répondre par gestes, je vous comprendrai bien. Sincèrement je ne vous gêne pas? Voyez, il y a peu ... je pense que c'est du pollen qui s'est répandu sur vous, vous permettez que je l'essuie avec ma main? Je ne vais pas trop fort, je ne suis pas trop brutal? Je vous chatouille peut-être un peu? mais c'est que je ne voudrais pas toucher le velours de la robe pour ne pas le friper. Mais voyez-vous, il était vraiment nécessaire de les fixer, ils seraient tombés; et comme cela, en les enfonçant un peu moi-même... Sérieusement, je ne suis pas désagréable? Et en les respirant pour voir s'ils n'ont vraiment pas d'odeur, non plus? Je n'en ai jamais senti, je peux? dites la vérité.*«

Souriant, elle haussa légèrement les épaules, comme pour dire »*vous êtes fou, vous voyez bien que ça me plaît.*« Il élevait son autre main le long de la joue d'Odette; elle le regarda fixement, de l'air languissant et grave qu'ont les femmes du maître florentin avec lesquelles il lui avait trouvé de la ressemblance; amenés au bord des paupières, ses yeux brillants, larges et minces, comme les leurs, semblaient prêts à se détacher ainsi que deux larmes.

Elle fléchissait le cou comme on leur voit faire à toutes, dans les scènes païennes comme dans les tableaux religieux. Et, en une attitude qui sans doute lui était habituelle, qu'elle savait convenable à ces moments-là et qu'elle faisait attention à ne pas oublier de prendre, elle semblait avoir besoin de toute sa force pour retenir son visage, comme si une force invisible l'eût attiré vers Swann. Et ce fut Swann qui, avant qu'elle le laissât tomber, comme malgré elle, sur ses lèvres, le retint un instant, à quelque distance, entre ses deux mains.

Il avait voulu laisser à sa pensée le temps d'accourir, de reconnaître le rêve qu'elle avait si longtemps caressé et d'assister à sa réalisation, comme une parente qu'on appelle pour prendre sa part du succès d'un enfant qu'elle a beaucoup aimé. Peut-être aussi Swann attachait-il sur ce visage d'Odette non encore possédée, ni même encore embrassée par lui, qu'il voyait pour la dernière fois, ce regard avec lequel, un jour de départ, on voudrait emporter un paysage qu'on va quitter pour toujours.

»Du côté de chez Swann« – p. 190. 191. 192.

la métaphore »faire catleya« devenue un simple vocable qu'il employaient sans y penser quand ils voulaient signifier l'acte de la possession physique.
»Du côté de chez Swann«– p. 192.

La grand-mère

Ma grand-mère, elle, par tous les temps, même quand la pluie faisait rage et que Françoise avait précipitamment rentré les précieux fauteuils d'osier de peur qu'ils ne fussent mouillés, on la voyait dans le jardin vide et fouetté par l'averse, relevant ses mèches désordonnées et grises pour que son front s'imbibât mieux de la salubrité du vent et de la pluie. Elle disait: »*Enfin, on respire!*« et parcourait les allées détrempées de son petit pas enthousiaste et saccadé, réglé sur les mouvements divers qu'excitaient dans son âme l'ivresse de l'orage, la puissance de l'hygiène, la stupidité de mon éducation et la symétrie des jardins, plutôt que sur le désir inconnu d'elle d'éviter à sa jupe prune les taches de boue sous lesquelles elle disparaissait jusqu'à une hauteur qui était toujours pour sa femme de chambre un désespoir et un problème.
»**Du côté de chez Swann - Combray, II**« – p. 19.

Je me jetais dans les bras de ma grand-mère et je suspendis mes lèvres à sa figure comme si j'accédais ainsi à ce cœur immense qu'elle m'ouvrait. Quand j'avais ainsi ma bouche collée à ses joues, à son front, j'y puisais quelque chose de si bienfaisant, de si nourricier, que je gardais l'immobilité, le sérieux, la tranquille avidité d'un enfant qui tète.
»**A l'ombre des jeunes filles en fleurs**«– p. 530.

L'agonie de la grand-mère

ous entrâmes dans la chambre. Courbée en demi-cercle sur le lit, un autre être que ma grand-mère, une espèce de bête qui se serait affublée de ses cheveux et couchée dans ses draps, haletait, geignait, de ses convulsions secouait les cou-vertures. Les paupières étaient closes et c'est parce qu'elles fermaient mal ou plutôt que parce qu'elles s'ouvraient qu'elles laissaient voir un coin de prunelle, voilé, chassieux, reflétant l'obscurité d'une vision organique et d'une souffrance interne. Toute cette agitation ne s'adressait pas à nous qu'elle ne voyait pas, ni ne connaissait. Mais si ce n'était plus qu'une bête qui remuait là, ma grand-mère où était-elle ?

On reconnaissait pourtant la forme de son nez, sans proportion mainte-nant avec le reste de la figure, mais au coin duquel un grain de beauté restait attaché, sa main qui écartait les couvertures d'un geste qui eût autrefois signifié que ces couvertures la gênaient et qui maintenant ne signifiait rien.

»Le côté de Guermantes II« p. 1006.

uand mes lèvres la touchèrent, les mains de ma grand-mère s'agitèrent, elle fut parcourue tout entière d'un long frisson, soit réflexe, soit que certaines tendresses aient leur hyperesthésie qui reconnaît à travers le voile de l'inconscience ce qu'elles n'ont presque pas besoin des sens pour chérir. Tout d'un coup ma grand-mère se dressa à demi, fit un effort violent, comme quelqu'un qui défend sa vie. Françoise ne put résister à cette vue et éclata en sanglots. Me rappelant ce que le médecin avait dit, je voulus la faire sortir de la chambre. A ce moment, ma grand-mère ouvrit les yeux. Je me précipitai sur Françoise pour cacher ses pleurs, pendant que mes parents parleraient à la malade. Le bruit de l'oxygène s'était tu, le médecin s'éloigna du lit.

Ma grand-mère était morte.

Quelques heures plus tard, Françoise put une dernière fois et sans les faire souffrir peigner ces beaux cheveux qui grisonnaient seulement et jusqu'ici avaient semblé être moins âgés qu'elle. Mais maintenant, au contraire, ils étaient seuls à imposer la couronne de la vieillesse sur le visage redevenu jeune d'où avaient disparu les rides, les contractions, les empâtements, les tensions, les fléchissements que, depuis tant d'années, lui avait ajoutés la souffrance.

Comme au temps lointain où ses parents lui avaient choisi un époux, elle avait les traits délicatement tracés par la pureté et la soumission, les joues brillantes d'une chaste espérance, d'un rêve de bonheur, même d'une innocente gaieté, que les années avaient peu à peu détruits. La vie, en se retirant, venait d'emporter les désillusions de la vie.

Un sourire semblait posé sur les lèvres de ma grand-mère. Sur ce lit funèbre, la mort, comme le sculpteur du Moyen Âge, l'avait couchée sous l'apparence d'une jeune fille.

»Le côté de Guermantes II« p. 1013-1014.

L'Oeil aigü du prêtre

Un beau-frère de ma grand-mère qui était religieux, et que je ne connaissais pas, télégraphia en Autriche où était le chef de son ordre, et ayant par faveur exceptionnelle obtenu l'autorisation, vint ce jour-là.

Accablé de tristesse, il lisait à côté du lit des textes de prières et de méditations sans cependant détacher ses yeux en vrille de la malade. A un moment où ma grand-mère était sans connaissance, la vue de la tristesse de ce prêtre me fit mal, et je le regardai. Il parut surpris de ma pitié et il se produisit alors quelque chose de singulier. Il joignit ses mains sur sa figure comme un homme absorbé dans une méditation douloureuse, mais, comprenant que j'allais détourner de lui les yeux, je vis qu'il avait laissé un petit écart entre les doigts. Et, au moment où mes regards le quittaient, j'aperçus son œil aigu qui avait profité de cet abri de ses mains pour observer si ma douleur était sincère. Il était embusqué là comme dans l'ombre d'un confessionnal.

Il s'aperçut que je le voyais et aussitôt clôtura hermétiquement le grillage qu'il avait laissé entrouvert. Je l'ai revu plus tard, et jamais entre nous il ne fut question de cette minute. Il fut tacitement convenu que je n'avais pas remarqué qu'il m'épiait. Chez le prêtre comme chez l'aliéniste, il y a toujours quelque chose du juge d'instruction. D'ailleurs quel est l'ami, si cher soit-il, dans le passé, commun avec le nôtre, de qui il n'y ait pas de ces minutes dont nous ne trouvions plus commode de nous persuader qu'il a dû les oublier ?

»Le côté de Guermantes II« - **p. 1009.**

Les intermittences du coeur

Mais dès que je fus arrivé à m'endormir, à cette heure, plus véridique, où mes yeux se fermèrent aux choses du dehors, le monde du sommeil (sur le seuil duquel l'intelligence et la volonté momentanément paralysées ne pouvaient plus me disputer à la cruauté de mes impressions véritables) refléta, réfracta la douloureuse synthèse de la survivance et du néant, dans la profondeur organique et devenue translucide des viscères mystérieusement éclairés. Monde du sommeil où la connaissance interne, placée sous la dépendance des troubles de nos organes, accélère le rythme du cœur ou de la respiration, parce qu'une même dose d'effroi, de tristesse, de remords, agit avec une puissance centuplée si elle est ainsi injectée dans nos veines; dès que pour y parcourir les artères de la cité souterraine nous nous sommes embarqués sur les flots noirs de notre propre sang comme sur un Léthé intérieur aux sextuples replis, de grandes figures solennelles nous apparaissent, nous abordent et nous quittent, nous laissant en larmes. Je cherchai en vain celle de ma grand-mère dès que j'eus abordé sous les porches sombres; je savais pourtant qu'elle existait encore, mais d'une vie diminuée, aussi pâle que celle du souvenir; l'obscurité grandissait, et le vent; mon père n'arrivait pas qui devait me conduire à elle. Tout d'un coup la respiration me manqua, je sentis mon cœur comme durci, je venais de me rappeler que depuis de longues semaines j'avais oublié d'écrire à ma grand-mère. Que devait-elle penser de moi?

»*Mon Dieu, me disais-je, comme elle doit être malheureuse dans cette petite chambre qu'on a louée pour elle, aussi petite que pour une ancienne domestique, où elle est toute seule avec la garde qu'on a placée pour la soigner et où elle ne peut pas bouger, car elle est toujours un peu paralysée et n'a pas voulu une seule fois se lever! Elle doit croire que je l'oublie depuis qu'elle est morte, comme elle doit se sentir seule et abandonnée! Oh! il faut que je coure la voir, je ne peux pas attendre une minute, je ne peux pas attendre que mon père arrive, mais où est-ce?*

Comment ai-je pu oublier l'adresse? Pourvu qu'elle me reconnaisse encore! Comment ai-je pu l'oublier pendant des mois ?«.

Il fait noir, je ne trouverai pas, le vent m'empêche d'avancer; mais voici mon père qui se promène devant moi; je lui crie: *»Où est grand-mère? Dis-moi l'adresse. Est-elle bien? Est-ce bien sûr qu'elle ne manque de rien ?- Mais non, me dit mon père, tu peux être tranquille. Sa garde est une personne ordonnée. On envoie de temps en temps une petite somme pour qu'on puisse lui acheter le peu qui lui est nécessaire. Elle demande quelquefois ce que tu es devenu. On lui a même dit que tu allais faire un livre. Elle a paru contente. Elle a essuyé une larme.«*

Alors je crus me rappeler qu'un peu après sa mort, ma grand-mère m'avait dit en sanglotant d'un air humble, comme une vieille servante chassée, comme une étrangère.

»Tu me permettras bien de te voir quelquefois tout de même, ne me laisse pas trop d'années sans me visiter. Songe que tu as été mon petit-fils et les grands-mères n'oublient pas«.

En revoyant le visage si soumis, si malheureux, si doux qu'elle avait, je voulais courir immédiatement et lui dire ce que j'aurais dû lui répondre alors: *»Mais, grand-mère, tu me verras autant que tu voudras, je n'ai que toi au monde, je ne te quitterai jamais.« Comme mon silence a dû la faire sangloter depuis tant de mois que je n'ai été là où elle est couchée! Qu'a-t-elle pu se dire? Et c'est en sanglotant que moi aussi je dis à mon père: »Vite, vite, son adresse, conduis-moi.« Mais lui:*

»C'est que... je ne sais si tu pourras la voir. Et puis, tu sais, elle est très faible, très faible, elle n'est plus elle-même, je crois que ce te sera plutôt pénible. Et je ne me rappelle pas le numéro exact de l'avenue. – Mais dis-moi, toi qui sais, ce n'est pas vrai que les morts ne vivent plus. Ce n'est pas vrai tout de même, malgré ce qu'on dit, puisque grand-mère existe encore.« Mon père sourit tristement: *»Oh! bien peu, tu sais, bien peu. Je crois que tu ferais mieux de n'y pas aller. Elle ne manque de rien. On vient tout mettre en ordre. – Mais elle est souvent seule? – Oui, mais cela vaut mieux pour elle. Il vaut mieux qu'elle ne pense pas, cela ne pourrait que lui faire de la peine. Cela fait souvent de la peine de penser. Du reste, tu sais, elle est très éteinte. Je te laisserai l'indication précise pour que tu puisses y aller; je ne vois pas ce que tu pourrais y faire et je ne crois pas*

que la garde te la laisserait voir. – Tu sais bien pourtant que je vivrai toujours près d'elle, cerfs, cerfs, Francis Jammes, fourchette.« Mais déjà j'avais retraversé le fleuve aux ténébreux méandres, j'étais remonté à la surface où s'ouvre le monde des vivants; aussi si je répétais encore: *»Francis Jammes, cerfs, cerfs«*, la suite de ces mots ne m'offrait plus le sens limpide et logique qu'ils exprimaient si naturellement pour moi il y a un instant encore et que je ne pouvais plus me rappeler. Je ne comprenais plus même pourquoi le mot Aias, que m'avait dit tout à l'heure mon père, avait immédiatement signifié: *»Prends garde d'avoir froid«*, sans aucun doute possible.

J'avais oublié de fermer les volets et sans doute le grand jour m'avait éveillé. Mais je ne pus supporter d'avoir sous les yeux ces flots de la mer que ma grand-mère pouvait autrefois contempler pendant des heures; l'image nouvelle de leur beauté indifférente se complétait aussitôt par l'idée qu'elle ne les voyait pas; j'aurais voulu boucher mes oreilles à leur bruit, car maintenant la plénitude lumineuse de la plage creusait un vide dans mon cœur; tout semblait me dire comme ces allées et ces pelouses d'un jardin où je l'avais autrefois perdue, quand j'étais tout enfant: *»Nous ne l'avons pas vue«*, et sous la rotondité du ciel pâle et divin je me sentais oppressé comme sous une immense cloche bleuâtre fermant un horizon où ma grand-mère n'était pas.

Pour ne plus rien voir, je me tournai du côté du mur, mais hélas! ce qui était contre moi c'était cette cloison qui servait jadis entre nous deux de messager matinal, cette cloison qui, aussi docile qu'un violon à rendre toutes les nuances d'un sentiment, disait si exactement à ma grand-mère ma crainte à la fois de la réveiller, et si elle était éveillée déjà, de n'être pas entendu d'elle et qu'elle n'osât bouger, puis aussitôt comme la réplique d'un second instrument, m'annonçant sa venue et m'invitant au calme. Je n'osais pas approcher de cette cloison plus que d'un piano où ma grand-mère aurait joué et qui vibrerait encore de son toucher. Je savais que je pourrais frapper maintenant, même plus fort, que rien ne pourrait plus la réveiller, que je n'entendrais aucune réponse, que ma grand-mère ne viendrait plus. Et je ne demandais rien de plus à Dieu, s'il existe un paradis, que d'y pouvoir frapper contre cette cloison les trois petits coups que ma grand-mère reconnaîtrait entre mille, et auxquels elle répondrait par ces autres coups qui voulaient dire: »*Ne t'agite pas, petite souris, je comprends que tu es impatient, mais je vais venir*«, et qu'il me laissât rester avec elle toute l'éternité, qui ne serait pas trop longue pour nous deux.

»Sodome et Gomorrhe II «- p. 1330 à 1332.

Mon total égoïsme

*L*a nature de ma grand-mère, nature qui était juste l'opposé de mon total égoïsme, se reflétait pourtant dans la mienne. Dans une circonstance où quelqu'un qui m'était indifférent, pour qui j'avais toujours feint de l'affection ou du respect, ne risquait qu'un désagrément tandis que je courais un danger, je n'aurais pas pu faire autrement que de le plaindre de son ennui comme d'une chose considérable et de traiter mon danger comme un rien, parce qu'il me semblait que c'était avec ces proportions que les choses devaient lui apparaître. Pour dire les choses telles qu'elles sont, c'est même un peu plus que cela, et pas seulement ne pas déplorer le danger que je courais moi-même, mais aller au-devant de ce danger-là, et pour celui qui concernait les autres, tâcher au contraire, dussé-je avoir plus de chances d'être atteint moi-même, de le leur éviter.

Cela tient à plusieurs raisons qui ne sont point à mon honneur. L'une est que si tant que je ne faisais que raisonner, je croyais surtout tenir à la vie, chaque fois qu'au cours de mon existence je me suis trouvée obsédé par des soucis moraux ou seulement par des inquiétudes nerveuses, quelquefois si puériles que je n'oserais pas les rapporter, si une circonstance imprévue survenait alors, amenant pour moi le risque d'être tué, cette nouvelle préoccupation était si légère, relativement aux autres, que je l'accueillais avec un sentiment de détente qui allait jusqu'à l'allégresse. Je me trouve ainsi avoir connu quoique étant l'homme le moins brave du monde, cette chose qui me semblait, quand je raisonnais, si étrangère à ma nature, si inconcevable, l'ivresse du danger.

Mais même fussé-je, quand il y en a un, et mortel, qui se présente, dans une période entièrement calme et heureuse, je ne pourrais pas si je suis avec une autre personne, ne pas la mettre à l'abri et choisir pour moi la place dangereuse. Quand un assez grand nombre d'expériences m'eurent appris que j'agissais toujours ainsi, et avec plaisir, je découvris et à ma grande honte, que c'est que contrairement à ce que j'avais toujours cru et affirmé, j'étais très sensible à l'opinion des autres. Cette sorte d'amour propre inavoué n'a pourtant aucun rapport avec la vanité ni avec l'orgueil. Car ce qui peut contenter l'une ou l'autre ne me causerait aucun plaisir et je m'en suis toujours abstenu. Mais les gens devant qui j'ai réussi à cacher le plus complètement les petits avantages qui auraient pu leur donner une moins piètre idée de moi, je n'ai jamais pu me refuser le plaisir de leur montrer que je mets plus de soin à écarter la mort de leur route que de la mienne. Comme mon mobile est alors l'amour-propre et non la vertu, je trouve bien naturel qu'en toute circonstance ils agissent autrement. Je suis bien loin de les en blâmer, ce que je ferais peut-être si j'avais été mû par l'idée d'un devoir qui me semblerait dans ce cas être obligatoire pour eux aussi bien que pour moi.

Au contraire, je les trouve fort sages de préserver leur vie, tout en ne pouvant m'empêcher de faire passer au second plan la mienne, ce qui est particulièrement absurde et coupable, depuis que j'ai cru reconnaître que celle de beaucoup de gens devant qui je me place quand éclate une bombe est plus dénuée de prix.

»A l'ombre des jeunes filles en fleurs«   **p. 669-670.**

Albertine endormie

*E*tendue de la tête aux pieds sur mon lit, dans une attitude d'un naturel qu'on n'aurait pu inventer, je lui trouvais l'air d'une longue tige en fleur qu'on aurait disposée là; et c'était ainsi en effet: le pouvoir de rêver que je n'avais qu'en son absence, je le retrouverais à ces instants auprès d'elle, comme si en dormant elle était devenue une plante.

Par là son sommeil réalisait dans une certaine mesure, la possibilité de l'amour; seul, je pouvais penser à elle, mais elle me manquait, je ne la possédais pas. Présente, je lui parlais, mais étais trop absent de moi-même pour pouvoir penser.

Quand elle dormait, je n'avais plus à parler, je savais que je n'étais plus regardé par elle, je n'avais plus besoin de vivre à la surface de moi-même. En fermant les yeux, en perdant la conscience, Albertine avait dépouillé, l'un après l'autre, ses différents caractères d'humanité qui m'avaient déçu depuis le jour où j'avais fait sa connaissance. Elle n'était plus animée que de la vie inconsciente des végétaux, des arbres, vie plus différente de la mienne, plus étrange et qui cependant m'appartenait davantage. Son moi ne s'échappait pas à tous moments, comme quand nous causions, par les issues de la pensée inavouée et du regard.

Elle avait rappelé à soi tout ce qui d'elle était en dehors, elle s'était réfugiée, enclose, résumée, dans son corps. En la tenant sous mon regard, dans mes mains, j'avais cette impression de la posséder tout entière que je n'avais pas quand elle était réveillée.

Sa vie m'était soumise, exhalait vers moi son léger souffle. J'écoutais cette murmurante émanation mystérieuse, douce comme un zéphyr marin, féerique comme ce clair de lune, qu'était son sommeil. Tant qu'il persistait je pouvais rêver à elle et pourtant la regarder et quand ce sommeil devenait plus profond, la toucher, l'embrasser.

Ce que j'éprouvais alors c'était un amour devant quelque chose d'aussi pur, d'aussi matériel, d'aussi mystérieux que si j'avais été devant les créatures inanimées que sont les beautés de la nature.

Et en effet, dès qu'elle dormait un peu profondément, elle cessait d'être seulement la plante qu'elle avait été, son sommeil, au bord duquel je rêvais avec une fraîche volupté dont je ne me fusse jamais lassé et que j'eusse pu goûter indéfiniment, c'était pour moi tout un paysage. Son sommeil mettait à mes côtés quelque chose d'aussi calme, d'aussi sensuellement délicieux que ces nuits de pleine lune, dans la baie de Balbec devenue douce comme un lac, où les branches bougent à peine; où étendu sur le sable, l'on écouterait sans fin se briser le reflux. En entrant dans la chambre j'étais resté debout sur le seuil n'osant pas faire de bruit et je n'en entendais pas d'autre que celui de son haleine venant expirer sur ses lèvres, à intervalles intermittents et réguliers, comme un reflux, mais plus assoupi et plus doux. Et au moment où mon oreille recueillait ce bruit divin, il me semblait que c'était, condensée en lui, toute la personne, toute la vie de la charmante captive, étendue là sous mes yeux.

Des voitures passaient bruyamment dans la rue, son front restait aussi immobile, aussi pur, son souffle aussi léger, réduit à la simple expiration de l'air nécessaire. Puis, voyant que son sommeil ne serait pas troublé, je m'avançais prudemment, je m'asseyais sur la chaise qui était à côté du lit, puis sur le lit même. J'ai passé de charmants soirs à causer, à jouer avec Albertine, mais jamais aussi doux que quand je la regardais dormir. Elle avait beau avoir, en bavardant, en jouant aux cartes, ce naturel qu'une actrice n'eût pu imiter, c'était un naturel plus profond, un naturel au deuxième degré que m'offrait son sommeil.

Sa chevelure descendue le long de son visage rose était posée à côté d'elle sur le lit et parfois une mèche isolée et droite donnait le même effet de perspective que ces arbres lunaires grêles et pâles qu'on aperçoit tout droits au fond des tableaux raphaëlesques d'Elssir.

Si les lèvres d'Albertine étaient closes, en revanche de la façon dont j'étais placé ses paupières paraissaient ai peu jointes que j'aurais presque pu demander si elle dormait vraiment. Tout de même, ces paupières abaissées mettaient dans son visage cette continuité parfaite que les yeux n'interrompent pas. Il y a des êtres dont la face prend une beauté et une majesté inaccoutumées pour peu qu'ils n'aient plus de regard.

Je mesurais des yeux Albertine étendue à mes pieds. Par instants elle était parcourue d'une agitation légère et inexplicable comme les feuillages qu'une brise inattendue convulse pendant quelques instants.

Elle touchait à sa chevelure, puis ne l'ayant pas fait comme elle le voulait, elle y portait la main encore par des mouvements si suivis, si volontaires, que j'étais convaincu qu'elle allait s'éveiller. Nullement, elle redevenait calme dans le sommeil qu'elle n'avait pas quitté.

Elle restait désormais immobile. Elle avait posé sa main sur sa poitrine en un abandon du bras si naïvement puéril que j'étais obligé en la regardant d'étouffer le sourire que par leur sérieux, leur innocence et leur grâce nous donnent les petits enfants. Moi qui connaissais plusieurs Albertine en une seule, il me semblait en voir bien d'autres encore reposer auprès de moi.

Ses sourcils arqués comme je ne les avais jamais vus entouraient les globes de ses paupières comme un doux nid d'alcyon. Des races, des atavismes, des vices reposaient sur son visage. Chaque fois qu'elle déplaçait sa tête, elle créait une femme nouvelle, souvent insoupçonnée de moi. Il me semblait posséder non pas une, mais d'innombrables jeunes filles. Sa respiration peu à peu plus profonde maintenant soulevait régulièrement sa poitrine et, par-dessus elle, ses mains croisées, ses perles, déplacées d'une manière différente par le même mouvement, comme ces barques, ces chaînes d'amarre que fait osciller le mouvement du flot. Alors, sentant que son sommeil était dans son plein, et que je ne me heurterais pas à des écueils de conscience recouverts maintenant par la pleine mer du sommeil profond, délibérément je sautais sans bruit sur le lit, je me couchais au long d'elle, je prenais sa taille d'un de mes bras, je posais mes lèvres sur sa joue et sur son cœur, puis sur toutes les parties de son corps posais ma seule main restée libre, et qui était soulevée aussi comme les perles, par la respiration d'Albertine; moi-même, j'étais déplacé légèrement par son mouvement régulier. Je m'étais embarqué sur le sommeil d'Albertine.

»La Prisonnière« p. 1654-1655.

La mystérieuse douceur
d'une pénétration

»Je sentais, sur mes lèvres qu'elle essayait d'écarter, sa langue, sa langue maternelle, incomestible, nourricière et sainte, dont la flamme et la rosée secrètes faisaient que, même quand Albertine la faisait seulement glisser à la surface de mon cou, de mon ventre, ces caresses superficielles mais en quelque sorte, faites par l'intérieur de sa chair, extériorisé comme une étoffe qui montrerait sa doublure, prenaient, même dans les attouchements les plus externes, comme la mystérieuse douceur d'une pénétration.«

»Albertine disparue« – p. 1978.

La Mort de Swann

*L*a mort de Swann m'avait, à l'époque, bouleversé. La mort de Swann!

Swann ne joue pas dans cette phrase le rôle d'un simple génitif. J'entends par là la mort particulière, la mort envoyée par le destin au service de Swann. Car nous disons la mort pour simplifier, mais il y en a presque autant que de personnes. Nous ne possédons pas de sens qui nous permette de voir, courant à toute vitesse, dans toutes les directions, les morts, les morts actives dirigées par le destin vers tel ou tel. Souvent ce sont des morts qui ne seront entièrement libérées de leur tâche que deux, trois ans après.

Elles courent vite poser un cancer au flanc d'un Swann, puis repartent pour d'autres besognes, ne revenant que quand l'opération des chirurgiens ayant eu lieu il faut poser le cancer à nouveau.

Puis vient le moment où on lit dans Le Gaulois que la santé de Swann a inspiré des inquiétudes, mais que son indisposition est en parfaite voie de guérison. Alors, quelques minutes avant le dernier souffle, la mort, comme une religieuse qui vous aurait soigné au lieu de vous détruire, vient assister à vos derniers instants, couronne d'une auréole suprême l'être à jamais glacé dont le cœur a cessé de battre.

Et c'est cette diversité des morts, le mystère de leurs circuits, la couleur de leur fatale écharpe qui donnent quelque chose de si impressionnant aux lignes des journaux: »*Nous apprenons avec un vif regret que M. Charles Swann a succombé hier à Paris, dans son hôtel, des suites d'une douloureuse maladie. Parisien dont l'esprit était apprécié de tous, comme la sûreté de ses relations choisies mais fidèles, il sera unanimement regretté...*«

A ce point de vue, si l'on n'est pas »quelqu'un«, l'absence de titre connu rend plus rapide encore la décomposition de la mort.

»La Prisonnière« - p. 1752.

La Mort de Bergotte ...
VER MEER

ans les mois qui précédèrent sa mort, Bergotte souffrait d'insomnies, et ce qui est pire, dès qu'il s'endormait, de cauchemars qui, s'il s'éveillait, faisaient qu'il évitait de se rendormir.

Longtemps il avait aimé les rêves, même les mauvais rêves, parce que grâce à eux, grâce à la contradiction qu'ils présentent avec la réalité qu'on a devant soi à l'état de veille, ils nous donnent, au plus tard dès le réveil, la sensation profonde que nous avons dormi. Mais les cauchemars de Bergotte n'étaient pas cela. Quand il parlait de cauchemars, autrefois il entendait des choses désagréables qui se passaient dans son cerveau. Maintenant, c'est comme venus du dehors de lui qu'il percevait une main munie d'un torchon mouillé qui, passée sur sa figure par une femme méchante, s'efforçait de le réveiller, d'intolérables chatouillements sur les hanches, la rage – parce que Bergotte avait murmuré en dormant qu'il conduisait mal – d'un cocher fou furieux qui se jetait sur l'écrivain et lui mordait les doigts, les lui sciait. Enfin, dès que dans son sommeil l'obscurité était suffisante, la nature faisait une espèce de répétition sans costumes de l'attaque d'apoplexie qui l'emporterait: Bergotte entrait en voiture sous le porche du nouvel hôtel des Swann, voulait descendre. Un vertige foudroyant le clouait sur sa banquette, le concierge essayait de l'aider à descendre, il restait assis, ne pouvant se soulever, dresser ses jambes. Il essayait de s'accrocher au pilier de pierre qui était devant lui, mais n'y trouvait pas un suffisant appui pour se mettre debout. Il consulta les médecins qui, flattés d'être appelés par lui, virent dans ses vertus de grand travailleur (il y avait vingt ans qu'il n'avait rien fait), dans son surmenage, la cause de ses malaises. Ils lui conseillèrent de ne pas lire de contes terrifiants (il ne lisait rien), de profiter davantage du soleil »indispensable à la vie« (il n'avait dû quelques années de mieux relatif qu'à sa claustration chez lui), de s'alimenter davantage (ce qui le fit maigrir et alimenta surtout ses cauchemars) …

Il mourut dans les circonstances suivantes: une crise d'urémie assez légère était cause qu'on lui avait prescrit le repos. Mais un critique ayant écrit que dans la Vue de Delft de Ver Meer (prêté par le musée de La Haye pour une exposition hollandaise), tableau qu'il adorait et croyait connaître très bien, un petit pan de mur jaune (qu'il ne se rappelait pas) était si bien peint qu'il était, si on le regardait seul, comme une précieuse œuvre d'art chinoise, d'une beauté qui se suffirait à elle-même, Bergotte mangea quelques pommes de terre, sortit et entra à l'exposition. Dès les premières marches qu'il eut à gravir, il fut pris d'étourdissements. Il passa devant plusieurs tableaux et eut l'impression de la sécheresse et de l'inutilité d'un art si factice, et qui ne valait pas les courants d'air et de soleil d'un palazzo de Venise, ou d'une simple maison au bord de la mer. Enfin il fut devant le Ver Meer qu'il se rappelait plus éclatant, plus différent de tout ce qu'il connaissait, mais où, grâce à l'article du critique, il remarqua pour la première fois des petits personnages en bleu, que le sable était rose, et enfin la précieuse matière du tout petit pan de mur jaune. Ses étourdissements augmentaient; il attachait son regard, comme un enfant à un papillon jaune qu'il veut saisir, au précieux petit pan de mur. »*C'est ainsi que j'aurais dû écrire*«, disait-il. »Mes derniers livres sont trop secs, il aurait fallu passer plusieurs couches de couleur, rendre ma phrase en elle-même précieuse, comme ce petit pan de mur jaune.« Cependant la gravité de ses étourdissements ne lui échappait pas. Dans une céleste balance lui apparaissait, chargeant l'un des plateaux, sa propre vie, tandis que l'autre contenait le petit pan de mur si bien peint en jaune. Il sentait qu'il avait imprudemment donné la première pour le second. »*Je ne voudrais pourtant pas, se dit-il, être pour les journaux du soir le fait divers de cette exposition.*«

Il se répétait: »*Petit pan de mur jaune avec un auvent, petit pan de mur jaune.*«

Cependant il s'abattit sur un canapé circulaire; aussi brusquement il cessa de penser que sa vie était en jeu et, revenant à l'optimisme, se dit: »*c'est une simple indigestion que m'ont donnée ces pommes de terre pas assez cuites, ce n'est rien.*« Un nouveau coup l'abattit, il roula du canapé par

terre où accoururent tous les visiteurs et gardiens. Il était mort.
»La Prisonnière« - **p. 1741-1742.**

En aparté:

Le 21 avril 1921 s'est ouverte au Jeu de Paume l'exposition de tableaux
hollandais dont La Vue de Delft de Ver Meer que Proust connaissait bien
pour l'avoir vue au Musée de La Haye.

En mai 1921, extrêmement souffrant, il se rendit à l'exposition. Plusieurs
fois, il revint s'asseoir sur le »*canapé circulaire*« d'où roule Bergotte pour
mourir (**Tadié – Proust – p. 872-873**).

La réception chez les Guermantes

Mais c'était maintenant mon tour d'être annoncé. Absorbé dans la contemplation de la maîtresse de maison qui ne m'avait pas encore vu, je n'avais pas songé aux fonctions terribles pour moi – quoique d'une autre façon que pour M. de Châtellerault - de cet huissier habillé de noir comme un bourreau, entouré d'une troupe de valets aux livrées les plus riantes, solides gaillards prêts à s'emparer d'un intrus et à le mettre à la porte.

L'huissier me demanda mon nom, je le lui dis aussi machinalement que le condamné à mort se laisse attacher au billot. Il leva aussitôt majestueusement la tête et, avant que j'eusse pu le prier de m'annoncer à mi-voix pour ménager mon amour-propre si je n'étais pas invité, et celui de la princesse de Guermantes si je l'étais, il hurla les syllabes inquiétantes avec une force capable d'ébranler la voûte de l'hôtel. L'illustre Huxley (celui dont le neveu occupe actuellement une place prépondérante dans le monde de la littérature anglaise) raconte qu'une de ses malades n'osait plus aller dans le monde parce que souvent, dans le fauteuil même qu'on lui indiquait d'un geste courtois, elle voyait assis un vieux monsieur. Elle était bien certaine que, soit le geste inviteur, soit la présence du vieux monsieur, était une hallucination, car on ne lui aurait pas ainsi désigné un fauteuil déjà occupé. Et quand Huxley, pour la guérir, la força à retourner en soirée, elle eut un instant de pénible hésitation en se demandant si le signe aimable qu'on lui faisait était la chose réelle, ou si, pour obéir à une vision inexistante, elle allait en public s'asseoir sur les genoux d'un monsieur en chair et en os. Sa brève incertitude fut cruelle.

Moins peut-être que la mienne. A partir du moment où j'avais perçu le grondement de mon nom, comme le bruit préalable d'un cataclysme possible, je dus, pour plaider en tous cas ma bonne foi et comme si je n'étais tourmenté d'aucun doute, m'avancer vers la princesse d'un air résolu.

Elle m'aperçut comme j'étais à quelques pas d'elle et, ce qui ne me laissa plus douter que j'avais été victime d'une machination, au lieu de rester assise comme pour les autres invités, elle se leva, vint à moi. Une seconde après, je pus pousser le soupir de soulagement de la malade d'Huxley, quand ayant pris le parti de s'asseoir dans le fauteuil, elle le trouva libre et comprit que c'était le vieux monsieur qui était une hallucination. La princesse venait de me tendre la main en souriant. Elle resta quelques instants debout, avec le genre de grâce particulier à la stance de Malherbe qui finit ainsi:

Et pour leur faire honneur les Anges se lever.

Elle s'excusa de ce que la duchesse ne fût pas encore arrivée comme si je devais m'ennuyer sans elle. Pour me dire ce bonjour, elle s'exécuta au tour de moi, en me tenant la main, un tournoiement plein de grâce, dans le tourbillon duquel je me sentais emporté. Je m'attendais presque à ce qu'elle me remit alors, telle une conductrice de cotillon, une canne à bec d'ivoire, ou une montre-bracelet. Elle ne me donna à vrai dire rien de tout cela, et comme si au lieu de danser le boston elle avait plutôt écouté un sacro-saint quatuor de Beethoven dont elle eût craint de troubler les sublimes accents, elle arrêta là la conversation, ou plutôt ne la commença pas et radieuse encore de m'avoir vu entrer, me fit part seulement de l'endroit où se trouvait le prince.

Je m'éloignai d'elle et n'osai plus m'en rapprocher, sentant qu'elle n'avait absolument rien à me dire et que dans son immense bonne volonté, cette femme merveilleusement haute et belle, noble comme l'étaient tant de grandes dames qui montèrent si fièrement à l'échafaud, n'aurait pu, faute d'oser m'offrir de l'eau de mélisse, que me répéter ce qu'elle m'avait déjà dit deux fois: »*Vous trouverez le prince dans le jardin.*« Or, aller auprès du prince. c'était sentir renaître sous une autre forme mes doutes. **»Sodome et Gomorrhe«** – p. 1238 - 1239.

La réception de la Berma

*O*r pendant ce temps avait lieu à l'autre bout de Paris un spectacle bien différent. La Berma, comme je l'ai dit, avait convié quelques personnes à venir prendre le thé pour fêter son fils et sa belle fille. Mais les invités ne se pressaient pas d'arriver. Ayant appris que Rachel récitait des vers chez la princesse de Guermantes (ce qui scandalisait fort la Berma, grande artiste pour laquelle Rachel était restée une grue qu'on laissait figurer dans les pièces où elle-même, la Berma, jouait le premier rôle, parce que Saint-Loup lui payait ses toilettes pour la scène – scandale d'autant plus grand que la nouvelle avait couru dans Paris que les invitations étaient au nom de la princesse de Guermantes, mais que c'était Rachel qui, en réalité, recevait chez la princesse), la Berma avait récrit avec insistance à quelques fidèles pour qu'ils ne manquassent pas à son goûter, car elle les savait aussi amis de la princesse de Guermantes qu'ils avaient connue Verdurin. Or, les heures passaient et personne n'arrivait chez la Berma. Bloch, à qui on avait demandé s'il voulait y venir, avait répondu naïvement: *»Non, j'aime mieux aller chez la princesse de Guermantes.«* Hélas! c'est ce qu'au fond de soi chacun avait décidé. La Berma, atteinte d'une maladie mortelle qui la forçait à fréquenter peu de monde, avait vu son état s'aggraver quand, pour subvenir aux besoins de luxe de sa fille, besoins que son gendre souffrant et paresseux ne pouvait satisfaire, elle s'était remise à jouer. Elle savait qu'elle abrégeait ses jours mais voulait faire plaisir à sa fille à qui elle rapportait de gros cachets, à son gendre qu'elle détestait mais flattait, car le sachant adoré par sa fille, elle craignait, si elle le mécontentait qu'il la privât, par méchanceté, de voir celle-ci. La fille de la Berma, aimée en secret par le médecin qui soignait son mari, s'était laissé persuader que ces représentations de Phèdre n'étaient pas bien dangereuses pour sa mère.

Elle avait en quelque sorte forcé le médecin à le lui dire, n'ayant retenu que cela de ce qu'il lui avait répondu, et parmi les objections dont elle ne tenait pas compte; en effet, le médecin avait dit ne pas voir grand inconvénient aux représentations de la Berma ...

En effet, nos habitudes nous permettent dans une large mesure, permettent même à nos organes de s'accommoder d'une existence qui semblerait au premier abord ne pas être possible. Qui n'a vu un vieux maître de manège cardiaque faire toutes les acrobaties auxquelles on n'aurait pu croire que son cœur résisterait une minute? La Berma n'était pas une moins vieille habituée de la scène, aux exigences de laquelle ses organes étaient si parfaitement adaptés qu'elle pouvait donner en ce dépensant avec une prudence indiscernable pour le public l'illusion d'une bonne santé troublée seulement par un mal purement nerveux et imaginaire. Après la scène de la déclaration à Hippolyte, la Berma avait beau sentir l'épouvantable nuit qu'elle allait passer, ses admirateurs l'applaudissaient à toute force, la déclarant plus belle que jamais. Elle rentrait dans d'horribles souffrances, mais heureuse d'apporter à sa fille les billets bleus, que par une gaminerie de vieille enfant de la balle elle avait l'habitude de serrer dans ses bas, d'où elle les sortait avec fierté, espérant un sourire, un baiser. Malheureusement ces billets ne faisaient que permettre au gendre et à la fille de nouveaux embellissements de leur hôtel, contigu à celui de leur mère: d'où d'incessants coups de marteau qui interrompaient le sommeil dont la grande tragédienne aurait tant eu besoin. Selon les variations de la mode, et pour se conformer au goût de M. de X... ou de Y..., qu'ils espéraient recevoir, ils modifiaient chaque pièce.

Et la Berma, sentant que le sommeil, qui seul aurait calmé sa souffrance, s'était enfui, se résignait à ne pas se rendormir, non sans un secret mépris pour ces élégances qui avançaient sa mort, rendaient atroces ses derniers jours. C'est sans doute un peu à cause de cela qu'elle les méprisait, vengeance naturelle contre ce qui nous fait mal et que nous sommes impuissants à empêcher.

Mais c'est aussi parce qu'ayant conscience du génie qui était en elle, ayant appris dès son plus jeune âge l'insignifiance de tous ces décrets de la mode, elle était quant à elle restée fidèle à la tradition qu'elle avait toujours respectée, dont elle était l'incarnation, qui lui faisait juger les choses et les gens comme trente ans auparavant, et par exemple juger

Rachel non comme l'actrice à la mode qu'elle était aujourd'hui, mais comme la petite grue qu'elle avait connue.

La Berma n'était pas, du reste, meilleure que sa fille, c'est en elle que sa fille avait puisé, par l'hérédité et par la contagion de l'exemple qu'une admiration trop naturelle rendait plus efficace, son égoïsme, son impitoyable raillerie, son inconsciente cruauté. Seulement tout cela, la Berma l'avait immolé à sa fille et s'en était ainsi délivrée. D'ailleurs, la fille de la Berma n'eût-elle pas eu sans cesse des ouvriers chez elle, qu'elle eût tout de même fatigué sa mère, comme les forces attractives, féroces, et légères de la jeunesse fatiguent la vieillesse, la maladie, qui se surmènent à vouloir les suivre. Tous les jours c'était un déjeuner nouveau, et on eût trouvé la Berma égoïste d'en priver sa fille, même de ne pas assister au déjeuner où on comptait, pour attirer bien difficilement quelques relations récentes et qui se faisaient tirer l'oreille, sur la présence prestigieuse de la mère illustre.

On la »promettait« à ces mêmes relations pour une fête au dehors, afin de leur faire une politesse. Et la pauvre mère, gravement occupée dans son tête-à-tête avec la mort installée en elle, était obligée de se lever de bonne heure, de sortir. Bien plus, comme à la même époque Réjane, dans tout l'éblouissement de son talent, donna à l'étranger des représentations qui eurent un succès énorme, le gendre trouva que la Berma ne devait pas se laisser éclipser, voulut que la famille ramassât la même profusion de gloire et força la Berma à des tournées où on était obligé de la piquer à la morphine, ce qui pouvait la faire mourir à cause de l'état de ses reins. Ce même attrait de l'élégance, du prestige social, de la vie, avait le jour de la fête chez la princesse de Guermantes, fait pompe aspirante et avait amené là-bas, avec la force d'une machine pneumatique, même les plus fidèles habitués de la Berma, où par contre en conséquence, il y avait vide absolu et mort. Un jeune homme, qui n'était pas certain que la fête chez la Berma ne fût, elle aussi, brillante, était venu. Quand la Berma vit l'heure passer et comprit que tout le monde la lâchait, elle fit servir le goûter et on s'assit autour de la table, mais comme pour un repas funéraire. Rien dans la figure de la Berma ne rappelait plus celle dont la photographie m'avait, un soir de mi-carême, tant troublé. La Berma avait, comme dit le peuple, la mort sur le visage. Cette fois c'était bien d'un marbre de l'Érechtéion qu'elle avait l'air.

Ses artères durcies étant déjà à demi pétrifiées, on voyait de longs rubans sculpturaux parcourir les joues, avec une rigidité minérale. Les yeux mourants vivaient relativement, par contraste avec ce terrible masque ossifié, et brillaient faiblement comme un serpent endormi au milieu des pierres. Cependant le jeune homme, qui s'était mis à table par politesse, regardait sans cesse l'heure, attiré qu'il était par la brillante fête chez les Guermantes.

La Berma n'avait pas un mot de reproche à l'adresse des amis qui l'avaient lâchée et qui espéraient naïvement qu'elle ignorerait qu'ils étaient allés chez les Guermantes. Elle murmura seulement: »*Une Rachel donnant une fête chez la princesse de Guermantes. Il faut venir à Paris pour voir ces choses-là.*« Et elle mangeait, silencieusement et avec une lenteur solennelle, des gâteaux défendus, ayant l'air d'obéir à des rites funèbres. Le »goûter« était d'autant plus triste que le gendre était furieux que Rachel, que lui et sa femme connaissaient très bien, ne les eût pas invités. Son crève-cœur fut d'autant plus grand que le jeune homme invité lui avait dit connaître assez bien Rachel pour que s'il partait tout de suite chez les Guermantes, il pût lui demander d'inviter ainsi, en dernière heure, le couple frivole. Mais la fille de la Berma savait trop à quel niveau infime sa mère situait Rachel, et qu'elle l'eût tuée de désespoir en sollicitant de l'ancienne grue une invitation. Aussi avait-elle dit au jeune homme et à son mari que c'était chose impossible. Mais elle se vengeait en prenant pendant ce goûter des petites mines exprimant le désir des plaisirs, l'ennui d'être privée d'eux par cette gêneuse qu'était sa mère. Celle-ci faisait semblant de ne pas voir les moues de sa fille et adressait de temps en temps, d'une voix mourante, une parole aimable au jeune homme, le seul invité qui fût venu. Mais bientôt la chasse d'air qui emportait tout vers les Guermantes, et qui m'y avait entraîné moi-même, fut la plus forte, il se leva et partit, laissant Phèdre ou la mort, on ne savait trop laquelle des deux c'était, achever de manger, avec sa fille et son gendre, les gâteaux funéraires.

»Le Temps retrouvé« - p. 2361 à 2364.

Le Vieux Duc de Guermantes

*L*e vieux duc de Guermantes ne sortait plus, car il passait ses journées et ses soirées avec elle. Mais aujourd'hui, il vint un instant pour la voir, malgré l'ennui de rencontrer sa femme. Je ne l'avais pas aperçu et je ne l'eusse sans doute pas reconnu, si on ne me l'avait clairement désigné. Il n'était plus une ruine, mais superbe, et moins encore qu'une ruine, cette belle chose romantique que peut être un rocher dans la tempête. Fouettée de toutes parts par les vagues de souffrance, de colère de souffrir, d'avancée montante de la mort qui la circonvenaient, sa figure, effritée comme un bloc, gardait le style, la cambrure que j'avais toujours admirés, elle était rongée comme une de ces belles têtes antiques trop abîmées mais dont nous sommes trop heureux d'orner un cabinet de travail. Elle paraissait seulement appartenir à une époque plus ancienne qu'autrefois, non seulement à cause de ce qu'elle avait pris de rude et de rompu dans sa matière jadis plus brillante, mais parce qu'à l'expression de finesse et d'enjouement avait succédé une involontaire, une inconsciente expression, bâtie par la maladie, de lutte contre la mort, de résistance, de difficulté à vivre.

Les artères ayant perdu toute souplesse avaient donné au visage jadis épanoui une dureté sculpturale. Et sans que le duc s'en doutât, il dé-couvrait des aspects de nuque, de joue, de front, où l'être, comme obligé de se raccrocher avec acharnement à chaque minute, semblait bousculé dans une tragique rafale, pendant que les mèches blanches de sa magnifique chevelure moins épaisse venaient souffleter de leur écume le promontoire envahi du visage. Et comme ces reflets étranges, uniques, que seule l'approche de la tempête où tout va sombrer donne aux roches qui avaient été jusque-là d'une autre couleur, je compris que le gris plombé des joues raides et usées, le gris presque blanc et moutonnant des mèches soulevées, la faible lumière encore départie aux yeux qui voyaient à peine, étaient des teintes non pas irréelles, trop réelles au contraire, mais fantastiques, et empruntées à la palette de l'éclairage, inimitable dans ses noirceurs effrayantes et prophétiques, de la vieillesse, de la proximité de la mort ...

... Mais il était très vieux, et quand il voulut passer la porte et descendre l'escalier pour sortir, la vieillesse, qui est tout de même l'état le plus misérable pour les hommes et qui les précipite de leur faîte le plus semblablement aux rois des tragédies grecques, la vieillesse, en le forçant à s'arrêter dans le chemin de croix que devient la vie des impotents menacés, à essuyer son front ruisselant, à tâtonner en cherchant des yeux une marche qui se dérobait, parce qu'il aurait eu besoin pour ses pas mal assurés, pour ses yeux ennuagés, d'un appui, lui donnant à son insu l'air de l'implorer doucement et timidement des autres, la vieillesse l'avait fait, encore plus qu'auguste, suppliant ...

... Par moments, sous le regard des tableaux anciens réunis par Swann dans un arrangement de »collectionneur« qui achevait le caractère démodé, ancien, de cette scène, avec ce duc si »Restauration« et cette cocotte tellement »Second Empire«, dans un de ses peignoirs qu'il aimait, la dame en rose l'interrompait d'une jacasserie; il s'arrêtait net et plantait sur elle un regard féroce. Peut-être s'était-il aperçu qu'elle aussi, comme la duchesse, disait quelquefois des bêtises; peut-être, dans une hallucination de vieillard, croyait-il que c'était un trait d'esprit intempestif de Mme de Guermantes qui lui coupait la parole, et se croyait-il à l'hôtel de Guermantes, comme ces fauves enchaînés qui se figurent un instant être encore libres dans les déserts de l'Afrique. Et levant brusquement la tête, de ses petits yeux ronds et jaunes qui avaient l'éclat d'yeux de fauves, il fixait sur elle un de ses regards qui quelquefois chez Mme de Guermantes, quand celle-ci parlait de trop, m'avaient fait trembler. Ainsi le duc regardait-il un instant l'audacieuse dame en rose. Mais celle-ci, lui tenant tête, ne le quittait pas des yeux, et au bout de quelques instants qui semblaient longs aux spectateurs, le vieux fauve dompté se rappelant qu'il était, non pas libre chez la duchesse dans ce Sahara dont le paillasson du palier marquait l'entrée, mais chez Mme de Forcheville dans la cage du Jardin des plantes, il rentrait dans ses épaules sa tête d'où pendait encore une épaisse crinière dont on n'aurait pu dire si elle était blonde ou blanche, et reprenait son récit.

»Le Temps retrouvé« - p. 2377 à 2379.

Scène de sadisme

'est peut-être d'une impression ressentie aussi auprès de Montjouvain, quelques années plus tard, impression restée obscure alors, qu'est sortie, bien après, l'idée que je me suis faite du sadisme. On verra plus tard que, pour de tout autres raisons, le souvenir de cette impression devait jouer un rôle important dans ma vie. C'était par un temps très chaud; mes parents, qui avaient dû s'absenter pour toute la journée, m'avaient dit de rentrer aussi tard que je voudrais; et étant allé jusqu'à la mare de Montjouvain où j'aimais revoir les reflets du toit de tuile, je m'étais étendu à l'ombre et endormi dans les buissons du talus qui domine la maison, là où j'avais attendu mon père autrefois, un jour qu'il était allé voir M. Vinteuil. Il faisait presque nuit quand je m'éveillai, je voulus me lever, mais je vis Mlle Vinteuil (autant que je pus la reconnaître, car je ne l'avais pas vue souvent à Combray, et seulement quand elle était encore une enfant, tandis qu'elle commençait d'être une fille) qui probablement venait de rentrer, en face de moi, à quelques centimètres de moi, dans cette chambre où son père avait reçu le mien et dont elle avait fait son petit salon à elle.

La fenêtre était entrouverte, la lampe était allumée, je voyais tous ses mouvements sans qu'elle me vît, mais en m'en allant j'aurais fait craquer les buissons, elle m'aurait entendu et elle aurait pu croire que je m'étais caché là pour l'épier.

Elle était en grand deuil, car son père était mort depuis peu. Nous n'étions pas allés la voir, ma mère ne l'avait pas voulu à cause d'une vertu qui chez elle limitait seule les effets de la bonté: la pudeur; mais elle la plaignait profondément. Ma mère se rappelait la triste fin de vie de M. Vinteuil, tout absorbée d'abord par les soins de mère et de bonne d'enfant qu'il donnait à sa fille, puis par les souffrances que celle-ci lui avait causées , elle revoyait le visage torturé qu'avait eu le vieillard tous les derniers temps; elle savait qu'il avait renoncé à jamais à achever de transcrire au net toute son œuvre des dernières années, pauvres morceaux d'un vieux professeur de piano, d'un ancien organiste de village dont nous imaginions bien qu'ils n'avaient guère de valeur en eux-mêmes, mais que nous ne méprisions pas parce qu'ils en avaient tant pour lui dont ils avaient été la raison de vivre avant qu'il les sacrifiât à sa fille, et qui pour la plupart pas même notés, conservés seulement dans sa mémoire, quelques-uns inscrits sur des feuillets épars, illisibles, resteraient inconnus; ma mère pensait à cet autre renoncement plus cruel encore auquel M. Vinteuil avait été contraint, le renoncement à un avenir de bonheur honnête et respecté pour sa fille; quand elle évoquait toute cette détresse suprême de l'ancien maître de piano de mes tantes, elle éprouvait un véritable chagrin et songeait avec effroi à celui autrement amer que devait éprouver Mlle Vinteuil tout mêlé du remords d'avoir à peu près tué son père.

»*Pauvre M. Vinteuil, disait ma mère, il a vécu et il est mort pour sa fille, sans avoir reçu son salaire. Le recevra-t-il après sa mort et sous quelle forme? Il ne pourrait lui venir que d'elle.*«

Au fond du salon de Mlle Vinteuil, sur la cheminée était posé un petit portrait de son père que vivement elle alla chercher au moment où retentit le roulement d'une voiture qui venait de la route, puis elle se jeta sur un canapé, et tira près d'elle une petite table sur laquelle elle plaça le portrait, comme M. Vinteuil autrefois avait mis de côté de lui le morceau qu'il avait le désir de jouer à mes parents. Bientôt son amie entra. Mlle Vinteuil l'accueillit sans se lever, ses deux mains derrière la tête et se recula sur le bord opposé du sofa comme pour lui faire une place. Mais aussitôt elle sentit qu'elle semblait ainsi lui imposer une attitude qui lui était peut-être importune. Elle pensa que son amie aimerait peut-être mieux être loin d'elle sur une chaise, elle se trouva indiscrète, la délicatesse de son cœur s'en alarma; reprenant toute la place sur le sofa elle ferma les yeux et se mit à bâiller pour indiquer que l'envie de dormir était la seule raison pour laquelle elle s'était ainsi étendue. Malgré la familiarité rude et dominatrice qu'elle avait avec sa camarade, je reconnaissais les gestes obséquieux et réticents, les brusques scrupules de son père. Bientôt elle se leva, feignit de vouloir fermer les volets et de n'y pas réussir.

»*Laisse donc tout ouvert, j'ai chaud, dit son amie. - Mais c'est assommant, on nous verra* «, répondit Mlle Vinteuil.

Mais elle devina sans doute que son amie penserait qu'elle n'avait dit ces mots que pour la provoquer à lui répondre par certains autres qu'elle avait en effet le désir d'entendre, mais que par discrétion elle voulait lui laisser l'initiative de prononcer. Aussi son regard que je ne pouvais distinguer, dut-il prendre l'expression qui plaisait tant à ma grand-mère, quand elle ajouta vivement:

»Quand je dis nous voir, je veux dire nous voir lire, c'est assommant, quelque chose insignifiante qu'on fasse, de penser que des yeux vous voient.«

Par une générosité instinctive et une politesse involontaire elle taisait les mots prémédités qu'elle avait jugés indispensables à la pleine réalisation de son désir. Et à tout moment au fond d'elle-même une vierge timide et suppliante implorait et faisait reculer un soudard fruste et vainqueur. *»Oui, c'est probable qu'on nous regarde à cette heure-ci, dans cette campagne fréquentée, dit ironiquement son amie. Et puis quoi ?«* ajoutat-elle (en croyant devoir accompagner d'un clignement d'yeux malicieux et tendre, ces mots qu'elle récita par bonté, comme un texte qu'elle savait être agréable à Mlle Vinteuil, d'un ton qu'elle s'efforçait de rendre cynique) *»quand même on nous verrait ce n'en est que meilleur.«*

Mlle Vinteuil frémit et se leva. Son cœur scrupuleux et sensible ignorait quelles paroles devaient spontanément venir s'adapter à la scène que ses sens réclamaient. Elle cherchait le plus loin possible qu'elle pouvait de sa vraie nature morale, à trouver le langage propre à la fille vicieuse qu'elle désirait d'être, mais les mots qu'elle pensait que celle-ci eût prononcés sincèrement lui paraissaient faux dans sa bouche. Et le peu qu'elle s'en permettait était dit sur un ton guindé où ses habitudes de timidité paralysaient ses velléités d'audace, et s'entremêlait de: *»tu n'as pas froid, tu n'as pas trop chaud, tu n'as pas envie d'être seule et de lire ?«*

»Mademoiselle me semble avoir des pensées bien lubriques, ce soir«, finit-elle par dire, répétant sans doute une phrase qu'elle avait entendue autrefois dans la bouche de son amie.

Dans l'échancrure de son corsage de crêpe Mlle Vinteuil sentit que son amie piquait un baiser, elle poussa un petit cri, s'échappa, et elles se poursuivirent en sautant, faisant voleter leurs larges manches comme des ailes et gloussant et piaillant comme des oiseaux amoureux. Puis Mlle Vinteuil finit par tomber sur le canapé, recouverte par le corps de son amie. Mais celle-ci tournait le dos à la petite table sur laquelle était placé le portrait de l'ancien professeur de piano. Mlle Vinteuil comprit que son amie ne le verrait pas si elle n'attirait pas sur lui son attention, et elle lui dit, comme si elle venait seulement de le remarquer: *»Oh! ce portrait de mon père qui nous regarde, je ne sais pas qui a pu le mettre là, j'ai pourtant dit vingt fois que ce n'était pas sa place.«* Je me souvins que c'étaient les mots que M. Vinteuil avait dits à mon père à propos du morceau de musique. Ce portrait leur servait sans doute habituellement pour des profanations rituelles, car son amie lui répondit par ces paroles qui devaient faire partie de ses réponses liturgiques: *»Mais laisse-le donc où il est, il n'est plus là pour nous embêter. Crois-tu qu'il pleurnicherait, qu'il voudrait te mettre ton manteau, s'il te voyait là, la fenêtre ouverte, le vilain singe.«*

Mlle Vinteuil répondit par des paroles de doux reproche: *»Voyons, voyons«*, qui prouvaient la bonté de sa nature, non qu'elles fussent dictées par l'indignation que cette façon de parler de son père eût pu lui causer (évidemment c'était là un sentiment qu'elle s'était habituée, à l'aide de quels sophismes? à faire taire en elle dans ces minutes là), mais parce qu'elles étaient comme un frein que pour ne pas se montrer égoïste elle mettait elle-même au plaisir que son amie cherchait à lui procurer. Et puis cette modération souriante en répondant à ces blasphèmes, ce reproche hypocrite et tendre, paraissaient peut-être à sa nature franche et bonne, une forme particulièrement infâme, une forme doucereuse de cette scélératesse qu'elle cherchait à s'assimiler. Mais elle ne put résister à l'attrait du plaisir qu'elle éprouverait à être traitée avec douceur par une personne si implacable envers un mort sans défense; elle sauta sur les genoux de son amie, et lui tendit chastement son front à baiser comme elle aurait pu faire si elle avait été sa fille, sentant avec délices qu'elles allaient ainsi toutes deux au bout de la cruauté en ravissant à M. Vinteuil, jusque dans le tombeau, sa paternité. Son amie lui prit la tête entre ses mains et lui déposa un baiser sur le front avec cette docilité que lui rendait facile la grande affection qu'elle avait pour Mlle Vinteuil et le désir de mettre quelque distraction dans la vie si triste maintenant de

126

l'orpheline.

»*Sais-tu ce que j'ai envie de lui faire à cette vieille horreur ?*« dit-elle en prenant le portrait.

Et elle murmura à l'oreille de Mlle Vinteuil quelque chose que je ne pus entendre.

»*Oh! tu n'oserais pas.- Je n'oserais pas cracher dessus? sur ça ?*« dit l'amie avec une brutalité voulue.

Je n'en entendis pas davantage, car Mlle Vinteuil, d'un air las, gauche, affairé, honnête et triste vint fermer les volets et la fenêtre, mais je savais maintenant, pour toutes les souffrances que pendant sa vie M. Vinteuil avait supportées à cause de sa fille, ce qu'après la mort il avait reçu d'elle en salaire.

»Du côté de chez Swann – Combray, II« - p. 132 à 135.

Le Guêt

La rencontre entre le baron Charlus et le Giletier Jupien (par extraits)

On sait que bien avant d'aller ce jour-là rendre au duc et à la duchesse la visite ..., j'avais épié leur retour et fait, pendant la durée de mon guet, une découverte, concernant particulièrement M. de Charlus, mais si importante en-elle même... Que vis-je! Face à face, dans cette cour où ils ne s'étaient certainement jamais rencontrés (M. de Charlus ne venant à l'hôtel Guermantes que dans l'après-midi, aux heures où Jupien était à son bureau), le baron ayant soudain largement ouvert ses yeux mi-clos, regardait avec une attention extraordinaire l'ancien giletier sur le seuil de sa boutique, cependant que celui-ci, cloué subitement sur place devant M. de Charlus, enraciné comme une plante, contemplait d'un air émerveillé l'embonpoint du baron vieillissant. Mais chose plus étonnante encore, l'attitude de M. de Charlus ayant changé, celle de Jupien se mit aussitôt, comme selon les lois d'un art secret, en harmonie avec elle. Le baron, qui cherchait maintenant à dissimuler l'impression qu'il avait ressentie, mais qui, malgré son indifférence affectée, semblait ne s'éloigner qu'à regret, allait, venait, regardait dans le vague de la façon qu'il pensait mettre le plus en valeur la beauté de ses prunelles, prenait un air fat, négligent, ridicule. Or Jupien, perdant aussitôt l'air humble et bon que je lui avais toujours connu, avait – en symétrie parfaite avec le baron – redressé la tête, donnait à sa taille un port avantageux, posait avec une impertinence grotesque son poing sur la hanche, faisait saillir son derrière, prenait des poses avec la coquetterie qu'aurait pu avoir l'orchidée pour le bourdon providentiellement survenu. Je ne savais pas qu'il pût avoir l'air si antipathique. Mais j'ignorais aussi qu'il fût capable de tenir à l'improviste sa partie dans cette sorte de scène des deux muets, qui (bien qu'il se trouvât pour la première fois en présence de M. de Charlus) semblait

128

avoir été longuement répétée; - on n'arrive spontanément à cette perfection que quand on rencontre à l'étranger un compatriote, avec lequel alors l'entente se fait d'elle-même, le truchement étant identique, et sans qu'on se soit pourtant jamais vu.

Cette scène n'était, du reste, pas positivement comique, elle était empreinte d'une étrangeté, ou si l'on veut d'un naturel, dont la beauté allait croissant. M. de Charlus avait beau prendre un air détaché, baisser distraitement les paupières, par moments il les relevait et jetait alors sur Jupien un regard attentif. Mais (sans doute parce qu'il pensait qu'une pareille scène ne pouvait se prolonger indéfiniment dans cet endroit, soit pour des raisons qu'on comprendra plus tard, soit enfin par ce sentiment de la brièveté de toutes choses qui fait qu'on veut que chaque coup porte juste, et qui rend si émouvant le spectacle de tout amour), chaque fois que M. de Charlus regardait Jupien, il s'arrangeait pour que son regard fût accompagné d'une parole, ce qui le rendait infiniment dissemblable des regards habituellement dirigés sur une personne qu'on connaît ou qu'on ne connaît pas; il regardait Jupien avec la fixité particulière de quelqu'un qui va vous dire: »*Pardonnez-moi mon indiscrétion, mais vous avez un long fil blanc qui pend dans votre dos*«, ou bien: »*Je ne dois pas me tromper, vous devez être aussi de Zurich, il me semble bien vous avoir rencontré souvent chez le marchand d'antiquités.*« Telle, toutes les deux minutes, la même question semblait intensément posée à Jupien dans l'œillade de M. de Charlus, comme ces phrases interrogatives de Beethoven, répétées indéfiniment, à intervalles égaux, et destinées – avec un luxe exagéré de préparations – à amener un nouveau motif, un changement de ton, une »rentrée«.

Mais justement la beauté des regards de M. de Charlus et de Jupien venait, au contraire, de ce que, provisoirement du moins, ces regards ne semblaient pas avoir pour but de conduire à quelque chose. Cette beauté, c'était la première fois que je voyais le baron et Jupien la manifester. Dans les yeux de l'un et de l'autre, c'était le ciel non pas de Zurich, mais de quelque cité orientale dont je n'avais pas encore deviné le nom, qui venait de se lever. Quel que fût le point qui pût retenir M. de Charlus et le giletier, leur accord semblait conclu et ces inutiles regards n'être que des préludes rituels, pareils aux fêtes qu'on donne avant un mariage décidé.

Plus près de la nature encore – et la multiplicité de ces comparaisons est elle-même d'autant plus naturelle qu'un même homme, si on l'examine pendant quelques minutes, semble successivement un homme, une homme-oiseau ou un homme-insecte, etc. – on eût dit deux oiseaux, le mâle et la femelle, le mâle cherchant à s'avancer, la femelle – Jupien – ne répondant plus par aucun signe à ce manège, mais regardant son nouvel ami sans étonnement, avec une fixité inattentive, jugée sans doute plus troublante et seule utile, du moment que le mâle avait fait les premiers pas, et se contentant de lisser ses plumes. Enfin l'indifférence de Jupien ne parut plus lui suffire; de cette certitude d'avoir conquis, à se faire poursuivre et désirer, il n'y avait qu'un pas et Jupien, se décidant à partir pour son travail, sortit par la porte cochère. Ce ne fut pourtant qu'après avoir retourné deux ou trois fois la tête qu'il s'échappa dans la rue où le baron, tremblant de perdre sa piste (sifflotant d'un air fanfaron, non sans crier un »au revoir« au concierge qui, à demi saoul et traitant des invités dans son arrière-cuisine, ne l'entendit même pas), s'élança vivement pour le rattraper. Au même instant où M. de Charlus avait passé la porte en sifflant comme un gros bourdon, un autre, un vrai celui-là, entrait dans la cour.

Qui sait si ce n'était pas celui attendu depuis si longtemps par l'orchidée, et qui venait lui apporter le pollen si rare sans lequel elle resterait vierge? Mais je fus distrait de suivre les ébats de l'insecte, car au bout de quelques minutes, sollicitant davantage mon attention, Jupien (peut-être afin de prendre un paquet qu'il emporta plus tard et que dans l'émotion que lui avait causée l'apparition de M. de Charlus, il avait oublié, peut-être tout simplement pour une raison plus naturelle), Jupien revint, suivi par le baron. Celui-ci, décidé à brusquer les choses, demanda du feu au giletier, mais observa aussitôt: »*Je vous demande du feu, mais je vois que j'ai oublié mes cigares.*«

Les lois de l'hospitalité l'emportèrent sur les règles de la coquetterie. »*Entrez, on vous donnera tout ce que vous voudrez*«, dit le giletier, sur la figure de qui le dédain fit place à la joie. La porte de la boutique se referma sur eux et je ne pus plus rien entendre. J'avais perdu de vue le bourdon, je ne savais pas s'il était l'insecte qu'il fallait à l'orchidée, mais je ne doutais plus, pour un insecte très rare et une fleur captive, de la possibilité miraculeuse de se conjoindre, alors que M. de Charlus (simple comparaison pour les providentiels hasards, quels qu'ils soient, et sans la moindre prétention scientifique de rapprocher certaines lois de la botanique et ce qu'on appelle parfois fort mal l'homosexualité), qui, depuis des années, ne venait dans cette maison qu'aux heures où Jupien n'y était pas, par le hasard d'une indisposition de Mme de Villeparisis, avait rencontré le giletier et avec lui la bonne fortune réservée aux hommes du genre du baron par un de ces êtres qui peuvent même être, on le verra, infiniment plus jeunes que Jupien et plus beaux, l'homme prédestiné pour que ceux-ci aient leur part de volupté sur cette terre: l'homme qui n'aime que les vieux messieurs.

Ce que je viens de dire d'ailleurs ici est ce que je ne devais comprendre que quelques minutes plus tard, tant adhèrent à la réalité ces propriétés d'être invisible, jusqu'à ce qu'une circonstance l'ait dépouillée d'elles. En tous cas pour le moment j'étais fort ennuyé de ne plus entendre la conversation de l'ancien giletier et du baron. J'avisai alors la boutique à louer séparée seulement de celle de Jupien par une cloison extrêmement mince. Je n'avais pour m'y rendre qu'à remonter à notre appartement, aller à la cuisine, descendre l'escalier de service jusqu'aux caves, les suivre intérieurement pendant toute la largeur de la cour, et arrivé à l'endroit du sous-sol, où l'ébéniste il y a quelques mois encore serrait ses boiseries, où Jupien comptait mettre son charbon, monter les quelques marches qui accédaient à l'intérieur de la boutique. Ainsi toute ma route se ferait à couvert, je ne serais vu de personne. C'était le moyen le plus prudent. Ce ne fut pas celui que j'adoptai, mais longeant les murs, je contournai à l'air libre la cour en tâchant de ne pas être vu. Si je ne le fus pas, je pense que je le dois plus au hasard qu'à ma sagesse.

Et au fait que j'aie pris un parti si imprudent, quand le cheminement dans la cave était si sûr, je vois trois raisons possibles, à supposer qu'il y en ait une. Mon impatience d'abord. Puis peut-être un obscur ressouvenir de la scène à Montjouvain, caché devant la fenêtre de Mlle Vinteuil.

Mais quand je fus dans la boutique, évitant de faire craquer le moins du monde le plancher, en me rendant compte que le plus léger bruit dans la boutique de Jupien s'entendait de la mienne, je songeai combien Jupien et M. de Charlus avaient été imprudents et combien la chance les avait servis.

Je n'osais bouger. Le palefrenier des Guermantes, profitant sans doute de leur absence, avait bien transféré dans la boutique où je me trouvais une échelle serrée jusque-là dans la remise.

Et si j'y étais monté j'aurais pu ouvrir le vasistas et entendre comme si j'avais été chez Jupien même. Mais je craignais de faire du bruit. Du reste c'était inutile. Je n'eus même pas à regretter de n'être arrivé qu'au bout de quelques minutes dans ma boutique. Car d'après ce que j'entendis les premiers temps dans celle de Jupien et qui ne furent que des sons inarticulés, je suppose que peu de paroles furent prononcées. Il est vrai que ces sons étaient si violents que, s'ils n'avaient pas été toujours repris un octave plus haut par une plainte parallèle, j'aurais pu croire qu'une personne en égorgeait une autre à côté de moi et qu'ensuite le meurtrier et sa victime ressuscitée prenaient un bain pour effacer les traces du crime. J'en conclus plus tard qu'il y a une chose aussi bruyante que la souffrance, c'est le plaisir, surtout quand s'y ajoutent – à défaut de la peur d'avoir des enfants, ce qui ne pouvait être le cas ici malgré l'exemple peu probant de la Légende dorée – des soucis immédiats de propreté.

Enfin au bout d'une demi-heure environ (pendant laquelle je m'étais hissé à pas de loup sur mon échelle afin de voir par le vasistas que je n'ouvris pas), une conversation s'engagea.

Jupien refusait avec force l'argent que M. de Charlus voulait lui donner.
»Sodome et Gomorrhe I« - p. 1211 à 1213.

Aphorismes, Maximes Réflexions et Pensées

L'œuvre de Proust est parsemée de maximes et d'aphorismes. Nous avons essayé de récolter ceux qui au fur et à mesure que nous avancions dans la lecture, nous paraissaient les plus passionnants, fût-ce d'un point de vue philosophique ou finement psychologique.

»Là où je cherchais de grandes lois, on m'appelait fouilleur de détails – Personne n'y comprit rien.«

»Le Temps retrouvé« - **p. 2396.**

*U*ne fois cette œuvre commencée, il bascule en elle, les phrases s'écrivent, débordant de toute part, émergeant les unes des autres, et la difficulté deviendrait bien plutôt alors de s'interrompre...

Le développement fourmille de nouvelles scènes, de traits, de saillies, de maximes, de conclusions générales qui ne concluent rien, mais ne font qu'amorcer de nouveaux développements.

Comme Montaigne, Proust ne pense que lorsqu'il pense sans effort, jusqu'à la satiété, et devient, malgré lui, comme obsédé par ses idées.

J. Fr. Revel – Sur Proust (Grasset) – p. 22.

***

*P*our l'auteur du Temps Retrouvé, comme pour Bergson, dont la philosophie avait eu sur lui une influence déterminante, l'œuvre géniale est sortie d'une »*émotion unique qu'on eût cru inexprimable et qui a voulu s'exprimer*«; et tous deux, le philosophe et le romancier, constatent la différence entre l'intelligence »*laissée à elle-même et celle que consume de son jeu l'émotion originale et unique, née d'une coïncidence entre l'auteur et son sujet, c'est-à-dire, d'une intuition.*

Dans les premiers cas, l'esprit travaille à froid, combinant entre elles des idées, depuis longtemps coulées en mots, que la société lui livre à l'état solide.

Dans le second, il semble que les matériaux fournis par l'intelligence entrent préalablement en fusion et qu'ils se solidifient ensuite à nouveau en idées cette fois informées par l'esprit lui-même.

Si ces idées trouvent des mots préexistants pour les exprimer, cela fait pour chacune l'effet d'une bonne fortune inespérée; et, à vrai dire, il a souvent fallu aider la chance à forcer le sens du mot qu'il se modelât sur la pensée.

Bergson: les deux sources de la Morale et de la Religion (Alcan éditions) cité par Georges Cattani dans »l'Amitié de Proust«, à la page 18).

Nous et les autres

omme le risque de déplaire vient surtout de la difficulté d'apprécier ce qui passe ou non inaperçu, on devrait au moins, par prudence, ne jamais parler de soi, parce que c'est un sujet où on peut être sûr que la vue des autres et la nôtre propre ne concordent jamais.

Si on a autant de surprises qu'à visiter une maison d'apparence quelconque dont l'intérieur est rempli de trésors, de pinces-monseigneur et de cadavres quand on découvre la vraie vie des autres, l'univers réel sous l'univers apparent, on n'en éprouve pas moins si, au lieu de l'image qu'on s'était faite de soi-même grâce à ce que chacun nous en disait, on apprend par le langage qu'ils tiennent à notre égard en notre absence, quelle image entièrement différente ils portaient en eux de nous et de notre vie. De sorte que chaque fois que nous avons parlé de nous, nous pouvons être sûrs que nos inoffensives et prudentes paroles, écoutées avec une politesse apparente et une hypocrite approbation, ont donné lieu aux commentaires les plus exaspérés ou les plus joyeux, en tous cas les moins favorables. Le moins que nous risquions est d'agacer par la disproportion qu'il y a entre notre idée de nous-mêmes et nos paroles, disproportion qui rend généralement les propos des gens sur eux aussi risibles que ces chantonnements des faux amateurs de musique qui éprouvent le besoin de fredonner un air qu'ils aiment en compensant l'insuffisance de leur murmure inarticulé par une mimique énergique et un air d'admiration que ce qu'ils nous font entendre ne justifie pas. Et à la mauvaise habitude de parler de soi et de ses défauts il faut ajouter, comme faisant bloc avec elle, cette autre de dénoncer chez les autres des défauts précisément analogues à ceux qu'on a. Or, c'est toujours de ces défauts-là qu'on parle, comme si c'était une manière de parler de soi, détournée, et qui joint au plaisir de s'absoudre celui d'avouer. D'ailleurs il semble que notre attention, toujours attirée sur ce qui nous caractérise, le remarque plus que toute autre chose chez les autres. Un myope dit d'un autre: »*Mais il peut à peine ouvrir les yeux*«; un poitrinaire a des doutes sur l'intégrité pulmonaire du plus solide; un malpropre ne parle que des bains que les autres ne prennent pas; un malodorant prétend qu'on sent mauvais; un mari trompé voit partout des maris trompés; une femme légère des femmes légères; le snob des snobs. Et puis chaque vice, comme chaque profession, exige et développe un savoir spécial qu'on n'est pas fâché d'étaler. L'inverti dépiste les invertis, le couturier invité dans le monde n'a pas encore causé avec vous qu'il a déjà apprécié l'étoffe de votre vêtement et que ses doigts brûlent d'en palper les qualités, et si après quelques instants de conversation vous demandiez sa vraie opinion sur vous à un odontalgiste, il vous dirait le nombre de vos mauvaises dents.

Rien ne lui paraît plus important, et à vous qui avez remarqué les siennes, plus ridicule. Et ce n'est pas seulement quand nous parlons de nous que nous croyons les autres aveugles; nous agissons comme s'ils l'étaient. **»A l'ombre des jeunes filles en fleurs« p. 587-588.**

Le dieu spécial et les défauts

Pour chacun de nous, un dieu spécial est là qui lui cache ou lui promet l'invisibilité de son défaut, de même qu'il ferme les yeux et les narines aux gens qui ne se lavent pas, sur la raie de crasse qu'ils portent aux oreilles et l'odeur de transpiration qu'ils gardent aux creux des bras et les persuade qu'ils peuvent impunément promener l'une et l'autre dans le monde qui ne s'apercevra de rien. Et ceux qui portent ou donnent en présent de fausses perles s'imaginent qu'on les prendra pour des vraies.
»A l'ombre des jeunes filles en fleurs« p. 587-588.

Les parties accessoires de notre discours

Il est difficile en effet à chacun de nous de calculer exactement à quelle échelle ses paroles ou ses mouvements apparaissent à autrui; par peur de nous exagérer notre importance et en grandissant dans des proportions énormes le champ sur lequel sont obligés de s'étendre les souvenirs des autres au cours de leur vie, nous nous imaginons que les parties accessoires de notre discours, de nos attitudes, pénètrent à peine dans la conscience, à plus forte raison ne demeurent pas dans la mémoire de ceux avec qui nous causons.
C'est d'ailleurs à une supposition de ce genre qu'obéissent les criminels quand ils retouchent après coup un mot qu'ils ont dit et duquel ils pensent qu'on ne pourra confronter cette variante à aucune version. Mais il est

bien possible que, même en ce qui concerne la vie millénaire de l'humanité, la philosophie du feuilletoniste selon laquelle tout est promis à l'oubli soit moins vraie qu'une philosophie contraire qui prédirait la conservation de toutes choses.

Dans le même journal où le moraliste du »Premier Paris«, nous dit d'un événement, d'un chef-d'œuvre, à plus forte raison d'une chanteuse qui eut »*son heure de célébrité*«:

»*Qui se souviendra de tout cela dans dix ans ?*«, à la troisième page, le compte rendu de l'Académie des inscriptions ne parle-t-il pas souvent d'un fait par lui-même moins important, d'un poème de peu de valeur, qui date de l'époque des Pharaons et qu'on connaît encore intégralement? Peut-être n'en est-il pas tout à fait de même pour la courte vie humaine **»A l'ombre des jeunes filles en fleurs« p. 382.**

Notre conduite et l'autre

Tout ce que nous nous rappelons de notre conduite reste ignoré de notre plus proche voisin; ce que nous avons oublié avoir dit, ou même ce que nous n'avons jamais dit, va provoquer l'hilarité jusque dans une autre planète, et l'image que les autres se font de nos faits et gestes ne ressemble pas plus à celle que nous nous en faisons nous-même qu'à un dessin quelque décalque raté où tantôt au trait noir correspondrait un espace vide, et à un blanc un contour inexplicable.

»Le côté de Guermantes I« p. 954.

Les névropathes

Les névropathes sont peut-être malgré l'expression consacrée, ceux qui »s'écoutent« le moins; ils entendent en eux tant de choses dont ils se rendent compte ensuite qu'ils avaient eu tort de s'alarmer, qu'ils finissent par ne plus faire attention à aucune. Leur système nerveux leur a si souvent crié »*Au secours*«, comme pour une grave maladie, quand tout simplement il allait tomber de la neige ou qu'on allait changer d'appartement, qu'ils prennent l'habitude de ne pas plus tenir compte de ces avertissements qu'un soldat, lequel dans l'ardeur de l'action, les perçoit si peu, qu'il est capable, étant mourant, de continuer encore quelques jours à mener la vie d'un homme en bonne santé.

»A l'ombre d'une jeune fille en fleurs« p. 395-396.

Les nerveux

Tout ce que nous connaissons de grand nous vient des nerveux. Ce sont eux et non pas d'autres qui ont fondé les religions et composé les chefs-d'œuvre. Jamais le monde ne saura tout ce qu'il leur doit et surtout ce qu'eux ont souffert pour le lui donner.

»Le côté de Guermantes I« p. 979.

Avoir un corps

E t avoir un corps, c'est la grande menace pour l'esprit, la vie humaine et pensante, dont il faut sans doute moins dire qu'elle est un miraculeux perfectionnement de la vie animale et physique, mais plutôt qu'elle est une imperfection, encore aussi rudimentaire qu'est l'existence commune des protozoaires en polypiers, que le corps de la baleine, etc ..., dans l'organisation de la vie spirituelle. Le corps enferme l'esprit dans une forteresse; bientôt la forteresse est assiégée de toutes parts et il faut à la fin que l'esprit se rende.
»Le Temps retrouvé«- p. 2392.

C 'est dans la maladie que nous nous rendons compte que nous ne vivons pas seuls mais enchaînés à un être d'un règne différent, dont des abîmes nous séparent, qui ne nous connaît pas et duquel il est impossible de nous faire comprendre: notre corps.
»Le côté de Guermantes I«- p. 974.

Le mimétisme

O n disait au ministère, sans y mettre ombre de malice, que dans le ménage, c'était le mari qui portait les jupes et la femme les culottes.

Or il y avait plus de vérité là-dedans qu'on ne le croyait. Mme de Vaugoubert, c'était un homme. Avait-elle toujours été ainsi, ou était-elle devenue ce que je la voyais, peu importe, car dans l'un et l'autre cas on a affaire à l'un des plus touchants miracles de la nature et qui, le second surtout, font ressembler le règne humain au règne des fleurs. Dans la première hypothèse – si la future Mme de Vaugoubert avait toujours été aussi lourdement hommasse – la nature, par une ruse diabolique et bienfaisante, donne à la jeune fille l'aspect trompeur d'un homme. Et l'adolescent qui n'aime pas les femmes et veut guérir trouve avec joie ce subterfuge de découvrir une fiancée qui lui représente un fort aux halles. Dans le cas contraire, si la femme n'a d'abord pas les caractères masculins, elle les prend peu à peu pour plaire à son mari, même inconsciemment, par cette sorte de mimétisme qui fait que certaines fleurs se donnent l'apparence des insectes qu'elles veulent attirer. Le regret de ne pas être aimée, de ne pas être homme, la virilise. Même en dehors du cas qui nous occupe, qui n'a pas remarqué combien les couples les plus normaux finissent par se ressembler, quelquefois même par interchanger leurs qualités?

Un ancien chancelier allemand, le prince de Bülow, avait épousé une Italienne. A la longue, sur le Pincio, on remarqua combien l'époux germanique avait pris de finesse italienne, et la princesse italienne de rudesse allemande.

»Sodome et Gomorrhe« p. 1244.

Cela n'a d'ailleurs aucune espèce d'importance ...

»*Cela n'a d'ailleurs aucune espèce d'importance.*« Phrase analogue à un réflexe, la même chez tous les hommes qui ont de l'amour-propre, dans les plus graves circonstances aussi bien que dans les plus infimes; dénonçant alors aussi bien que dans celle-ci combien importante paraît la chose en question à celui qui la déclare sans importance; phrase tragique parfois qui la première de toutes s'échappe, si navrante alors, des lèvres de tout homme un peu fier à qui on vient d'enlever la dernière espérance à laquelle il se raccrochait, en lui refusant un service: »*Ah! bien, cela n'a aucune espèce d'importance, je m'arrangerai autrement*«, l'autre arrangement vers lequel il est sans aucune espèce d'importance d'être rejeté étant quelquefois le suicide.
»A l'ombre des jeunes filles en fleurs«- p. 585.

Vertus et défauts

ans l'humanité, la fréquence des vertus identiques pour tous n'est pas plus merveilleuse que la multiplicité des défauts particuliers à chacun. Sans doute, ce n'est pas le bon sens qui est »*la chose du monde la plus répandue*«, c'est la bonté. Dans les coins les plus lointains, les plus perdus, on s'émerveille de la voir fleurir d'elle-même, comme dans un vallon écarté un coquelicot pareil à ceux du reste du monde, lui qui ne les a jamais vus, et n'a jamais connu que le vent qui fait frissonner parfois son rouge chaperon solitaire. Même si cette bonté, paralysée par l'intérêt, ne s'exerce pas, elle existe pourtant, et chaque fois qu'aucun mobile égoïste ne l'empêche de le faire, par exemple pendant la lecture d'un roman ou d'un journal, elle s'épanouit, se tourne, même dans le cœur de celui qui, assassin dans la vie, reste tendre comme amateur de feuilletons, vers le faible, vers le juste et le persécuté. Mais la variété des défauts n'est pas moins admirable que la similitude des vertus.

La personne la plus parfaite a un certain défaut qui choque ou qui met en rage.

L'une est d'une belle intelligence, voit tout d'un point de vue élevé, ne dit jamais de mal de personne, mais oublie dans sa poche les lettres les plus importantes qu'elle vous a demandé elle-même de lui confier, et vous fait manquer ensuite un rendez-vous capital, sans vous faire d'excuses, avec un sourire, parce qu'elle met sa fierté à ne jamais savoir l'heure. Un autre a tant de finesse, de douceur, de procédés délicats, qu'il ne vous dit jamais de vous-même que les choses qui peuvent vous rendre heureux, mais vous sentez qu'il en tait, qu'il en ensevelit dans son cœur, où elles aigrissent, de toutes différentes, et le plaisir qu'il a à vous voir lui est si cher qu'il vous ferait crever de fatigue plutôt que de vous quitter. Un troisième a plus de sincérité, mais la pousse jusqu'à tenir à ce que vous sachiez, quand vous vous êtes excusé sur votre état de santé de ne pas être allé le voir, que vous avez été vu vous rendant au théâtre et qu'on vous a trouvé bonne mine, ou qu'il n'a pu profiter entièrement de la démarche que vous avez faite pour lui, que d'ailleurs déjà trois autres lui ont proposé de faire et dont il ne vous est ainsi que légèrement obligé. Dans les deux circonstances, l'ami précédent aurait fait semblant d'ignorer que vous étiez allé au théâtre et que d'autres personnes eussent pu lui rendre le même service.

Quant à ce dernier ami, il éprouve le besoin de répéter ou de révéler à quelqu'un ce qui peut le plus vous contrarier, est ravi de sa franchise et vous dit avec force: »*Je suis comme cela:*«

Tandis que d'autres vous agacent par leur curiosité exagérée, ou leur incuriosité si absolue, que vous pouvez leur parler des événements les plus sensationnels sans qu'ils sachent de quoi il s'agit; que d'autres encore restent des mois à vous répondre si votre lettre a trait à un fait qui concerne vous et non eux, ou bien s'ils vous disent qu'ils vont venir vous demander quelque chose et que vous n'osiez pas sortir de peur de les manquer, ne viennent pas et vous laissent attendre des semaines parce que n'ayant pas reçu de vous la réponse que leur lettre ne demandait nullement, ils avaient cru vous avoir fâché.

Et certains, consultant leur désir et non le vôtre, vous parlent sans vous laisser placer un mot s'ils sont gais et ont envie de vous voir, quelque travail urgent que vous ayez à faire; mais, s'ils se sentent fatigués par le temps, ou de mauvaise humeur, vous ne pouvez tirer d'eux une parole, ils opposent à vos efforts une inerte langueur et ne prennent pas plus la peine de répondre, même par monosyllabes, à ce que vous dites que s'ils ne vous avaient pas entendus.

Chacun de nos amis a tellement ses défauts que pour continuer à l'aimer nous sommes obligés d'essayer de nous consoler d'eux – en pensant à son talent, à sa bonté, à sa tendresse, – ou plutôt de ne pas en tenir compte en déployant pour cela toute notre bonne volonté. Malheureusement notre complaisante obstination à ne pas voir le défaut de notre ami est surpassée par celle qu'il met à s'y adonner à cause de son aveuglement ou de celui qu'il prête aux autres. Car il ne le voit pas ou croit qu'on ne le voit pas.

»A l'ombre des jeunes filles en fleurs«- p. 586-587.

e n'est jamais qu'à cause d'un état d'esprit qui n'est pas destiné à durer qu'on prend des résolutions définitives.
»A l'ombre des jeunes filles en fleurs«-

'est le désir qui engendre la croyance, et si nous ne nous en rendons pas compte d'habitude, c'est que la plupart des désirs créateurs de croyances ne finissent qu'avec nous-mêmes.
»Albertine disparue«- p. 2063.

Le silence

On a dit que le silence était une force; dans un tout autre sens il en est une terrible à la disposition de ceux qui sont aimés. Elle accroît l'anxiété de qui attend. Rien n'invite tant à s'approcher d'un être que ce qui en sépare et quelle plus infranchissable barrière que le silence?
On a dit aussi que le silence était un supplice, et capable de rendre fou celui qui y était astreint dans les prisons. Mais quel supplice – plus grand que de garder le silence – de l'endurer de ce qu'on aime!
»Le côté de Guermantes I«-p. 839.

Les sommeils

*N*on loin de là est le jardin réservé où croissent comme des fleurs inconnues les sommeils si différents les uns des autres, sommeil du datura, du chanvre indien, des multiples extraits de l'éther, sommeil de la belladone, de l'opium, de la valériane, fleurs qui restent closes jusqu'au jour où l'inconnu prédestiné viendra les toucher...
»Le côté de Guermantes I«- p. 812.

Le monde du sommeil

*M*ais dès que je fus arrivé à m'endormir. à cette heure, plus véridique, où mes yeux se fermèrent aux choses du dehors, le monde du sommeil (sur le seuil duquel l'intelligence et la volonté momentanément paralysées ne pouvaient plus me disputer à la cruauté de mes impressions véritables) refléta, réfracta la douloureuse synthèse de la survivance et du néant, dans la profondeur organique et devenue translucide des viscères mystérieusement éclairés. Monde du sommeil où la connaissance interne, placée sous la dépendance des troubles de nos organes, accélère le rythme du cœur ou de la respiration, parce qu'une même dose d'effroi, de tristesse, de remords, agit avec une puissance centuplée si elle est ainsi injectée dans nos veines; dès que pour y parcourir les artères de la cité souterraine nous nous sommes embarqués sur les flots noirs de notre propre sang comme sur un Léthé intérieur aux sextuples replis, de grandes figures solennelles nous apparaissent, nous abordent et nous quittent, nous laissant en larmes.
»Sodome et Gomorrhe II«- p. 1330.

Heures d'exception

Ces heures d'exception où l'on a soif de quelque chose d'autre que ce qui est, et où ceux que le manque d'énergie ou d'imagination empêche de tirer d'eux-mêmes un principe de rénovation, demandent à la minute qui vient, au facteur qui sonne, de leur apporter du nouveau, fût-ce du pire, une émotion, une douleur: où la sensibilité, que le bonheur a fait taire comme une harpe oisive, veut résonner sous une main, même brutale, et dût-elle en être brisée; où la volonté, qui a si difficilement conquis le droit d'être livrée sans obstacle à ses désirs, à ses peines, voudrait jeter les rênes entre les mains d'événements impérieux, fussent-ils cruels.

»Du côté de chez Swann – Combray, II«- p. 99.

Voix

Rien n'altère autant les qualités matérielles de la voix que de contenir de la pensée: la sonorité des diphtongues, l'énergie des labiales en sont influencées.

La diction l'est aussi.

»A l'ombre des jeunes filles en fleurs«- p. 437.

Sentiment diabolique

Un sentiment inconsciemment diabolique qui nous pousse à n'offrir une chose qu'aux gens qui n'en ont pas envie. **»Un amour de Swann« - p. 161.**

Idée forte

Une idée forte communique un peu de sa force au contradicteur. Participant à la valeur universelle des esprits, elle s'insère, se greffe en l'esprit de celui qu'elle réfute, au milieu d'idées adjacentes, à l'aide desquelles, reprenant quelque avantage, il la complète, la rectifie; si bien que la sentence finale est en quelque sorte l'œuvre des deux personnes qui discutaient.
»A l'ombre des jeunes filles en fleurs«- p. 447.

Visage

Les traits de notre visage ne sont guère que des gestes devenus, par l'habitude, définitifs.
La nature, comme la catastrophe de Pompeï, comme une métamorphose de nymphe, nous a immobilisés dans le mouvement accoutumé. De même nos intonations contiennent notre philosophie de la vie, ce que la personne se dit à tout moment sur les choses.
»A l'ombre des jeunes filles en fleurs«- p. 711.

Le sculpteur intérieur

Mais au bout d'un instant on reconnaissait en Gilberte bien des traits – par exemple le nez arrêté avec une brusque et infaillible décision par le sculpteur invisible qui travaille de son ciseau pour plusieurs générations.

»A l'ombre des jeunes filles en fleurs«- p. 448.

Regards

O merveilleuse indépendance des regards humains, retenus au visage par une corde si lâche, si longue, si extensible qu'ils peuvent se promener seuls loin de lui …

»Du côté de chez Swann«- p. 145.

Le monde des à-peu-près

Il vivait dans le monde des à-peu-près, où l'on salue dans le vide, où l'on juge dans le faux. L'inexactitude, l'incompétence n'y diminuent pas l'assurance, au contraire.

»A l'ombre des jeunes filles en fleurs«- p. 608.

L'ivresse

'ivresse réalise pour quelques heures l'idéalisme subjectif, le phénoménisme pur; tout n'est plus qu'apparences et n'existe plus qu'en fonction de notre sublime nous-même.
»A l'ombre des jeunes filles en fleurs«- p. 642.

Les victimes

alheureusement dans le monde, comme dans le monde politique, les victimes sont si lâches qu'on ne peut pas en vouloir bien longtemps aux bourreaux.
»Sodome et Gomorrhe«- p. 1286.

De profession à profession

e profession à profession, on se devine, et de vice à vice aussi.
»Sodome et Gomorrhe«- p. 1239.

L'instinct

ar l'instinct dicte le devoir et l'intelligence fournit les prétextes pour l'éluder.
»Le Temps retrouvé«- p. 2272.

Médecins

es erreurs des médecins sont innombrables. Ils pèchent d'habitude par optimisme quant au régime, par pessi-misme quant au dénouement.

»Du vin? en quantité modérée, cela ne peut vous faire du mal, c'est en somme un tonifiant …

Le plaisir physique? après tout c'est une fonction. Je vous le permets sans abus, vous m'entendez bien. L'excès en tout est un défaut.«

Du coup quelle tentation pour le malade de renoncer à ces deux résurrecteurs, l'eau et la chasteté! En revanche si l'on a quelque chose au cœur, de l'albumine, etc..., on n'en a pas pour longtemps. Volontiers, des troubles graves, mais fonctionnels, sont attribués à un cancer imaginé. Il est inutile de continuer des visites qui ne sauraient enrayer un mal inéluctable.

Que le malade livré à lui-même s'impose alors un régime implacable, et ensuite guérisse ou tout au moins survive, le médecin, salué par lui avenue de l'Opéra quand il le croyait depuis longtemps au Père-Lachaise, verra dans ce coup de chapeau un geste de narquoise insolence. Une innocente promenade effectuée à son nez et à sa barbe ne causerait pas plus de colère au président d'assises qui, deux ans auparavant, a prononcé contre le badaud, qui semble sans crainte, une condamnation à mort. Les médecins (il ne s'agit pas de tous, bien entendu, et nous n'omettons pas, mentalement, d'admirables exceptions) sont en général plus mécontents, plus irrités de l'infirmation de leur verdict que joyeux de son exécution. **»Sodome et Gomorrhe«- p. 1241.**

La médecine, un compendium d'erreurs

ar la médecine étant un compendium des erreurs successives et contradictoires des médecins, en appelant à soi les meilleurs d'entre eux on a grande chance d'implorer une vérité qui sera reconnue fausse quelques années plus tard. De sorte que croire à la médecine serait la suprême folie, si n'y pas croire n'en était pas une plus grande car de cet amoncellement d'erreurs se sont dégagées à la longue quelques vérités.
»Le côté de Guermantes I«- p. 974.

Croyance

'est toujours une invisible croyance qui soutient l'édifice de notre monde sensitif, et privé de quoi il chancelle.
»Albertine disparue«- p. 1939.

Hilarité

es gens qui rient si fort de ce qu'ils disent, et qui n'est pas drôle, nous dispensent par là, en prenant à leur charge l'hilarité, d'y participer.
»Sodome et Gomorrhe«- p. 1286.

Dans l'attente

On souffre tant de l'absence de ce qu'on désire qu'on ne peut supporter une autre présence.
»Sodome et Gomorrhe«- p. 1307.

L'être attendu

La perte de toute boussole, de toute direction qui caractérise l'attente, persiste encore après l'arrivée de l'être attendu, et substituée en nous au calme à la faveur duquel nous nous peignions sa venue comme un tel plaisir, nous empêche d'en goûter aucun,
»Sodome et Gomorrhe«- p. 1313.

À l'aveuglette

... nous agissons à l'aveuglette, mais en choisissant comme les bêtes la plante qui nous est favorable ...
»La Prisonnière «- p. 1765.

Les atavismes

Même mentalement, nous dépendons des lois naturelles beaucoup plus que nous ne croyons et notre esprit possède d'avance comme certain cryptogame, comme telle graminée les particularités que nous croyons choisir. Mais nous ne saisissons que les idées secondes sans percevoir la cause première (race juive, famille française, etc.) qui les produisait nécessairement et que nous manifestons au moment voulu.

Et peut-être, alors que les unes nous paraissent le résultat d'une délibération, les autres d'une imprudence dans notre hygiène, tenons-nous de notre famille, comme les papilionacées la forme de leur graine, aussi bien les idées dont nous vivons que la maladie dont nous mourrons.
»A l'ombre des jeunes filles en fleurs«- p. 424.

Hérédité

Nos existences sont en réalité, par l'hérédité, aussi pleines de chiffres cabalistiques, de sorts jetés, que s'il y avait vraiment des sorcières.
»Le côté de Guermantes II«- p. 1189.

Race juive

Mais Swann appartenait à cette forte race juive, à l'énergie vitale, à la résistance à la mort de qui les individus eux-mêmes semblent participer. Frappés chacun de maladies particulières, comme elle l'est, elle-même, par la persécution, ils se débattent indéfiniment dans des agonies terribles qui peuvent se prolonger au-delà de tout terme vraisemblable, quand déjà, on ne voit plus qu'une barbe de prophète, surmontée d'un nez immense qui se dilate pour aspirer les derniers souffles, avant l'heure des prières rituelles et que commence le défilé ponctuel des parents éloignés, s'avançant avec des mouvements mécaniques, comme sur une frise assyrienne.

»Sodome et Gomorrhe«- p. 1288.

Il est vrai que Swann est juif. Mais jusqu'à ce jour – excusez-moi, Froberville – j'avais eu la faiblesse de croire qu'un juif peut être français, …

»Sodome et Gomorrhe«- p. 1268.

Mouvement sioniste

On a voulu provisoirement prévenir l'erreur funeste qui consisterait, de même qu'on a encouragé un mouvement sioniste, à créer un mouvement sodomiste et à rebâtir Sodome.

»Sodome et Gomorrhe I«- p. 1232.

Dreyfus et la Philosophie

Q uand les systèmes philosophiques qui contiennent le plus de vérité sont dictés à leurs auteurs, en dernière analyse, pour une raison de sentiment, comment supposer que, dans une simple affaire politique comme l'affaire Dreyfus, des raisons de ce genre ne puissent, à l'insu du raisonneur, gouverner sa raison?
»Le Côté de Guermantes«- p. 973.

Ces mots français

Q ue nous sommes si fiers de prononcer exactement ne sont eux-mêmes que des «cuirs« faits par des bouches gauloises qui prononçaient de travers le latin ou le saxon, notre langue n'étant que la prononciation défectueuse de quelques autres.
»Sodome et Gomorrhe«- p. 1312.

Le snobisme

 st une maladie grave de l'âme, mais localisée et qui ne la gâte pas tout entière.
»La Prisonnière« - p. 1613.

Classe sociale

 haque classe sociale a sa pathologie.
»La Prisonnière «- p. 1614.

Charité active

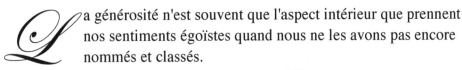 uand j'ai eu l'occasion de rencontrer, au cours de ma vie, dans des couvents, par exemple, des incarnations vraiment saintes de la charité active, elles avaient généralement un air allègre, positif, indifférent et brusque de chirurgien pressé, ce visage où ne se lit aucune commisération, aucun attendrissement devant la souffrance humaine, aucune crainte de la heurter, et qui est le visage sans douceur, le visage antipathique et sublime de la vraie bonté.
»Du côté de chez Swann – Combray, II « – p. 73

a générosité n'est souvent que l'aspect intérieur que prennent nos sentiments égoïstes quand nous ne les avons pas encore nommés et classés.
»A l'ombre des jeunes filles en fleurs « – p. 393.

Les niais

s'imaginent que les grosses dimensions des phénomènes sociaux sont une excellente occasion de pénétrer plus avant **. . .** dans l'âme humaine; ils devraient au contraire comprendre que c'est en descendant en profondeur dans une individualité qu'ils auraient chance de comprendre ces phénomènes.
»Le Côté de Guermantes II«- p. 1002.

L'être sot

L'être le plus sot, si son désir ou son intérêt est en jeu, peut dans ce cas unique, au milieu de la nullité de sa vie stupide, s'adapter immédiatement aux rouages de l'engre-nage le plus compliqué
»La Prisonnière«- p. 1909.

Justice

*L*a relation qui existe presque toujours dans les châtiments humains et qui fait qu'il n'y a presque jamais ni condamnation juste, ni erreur judiciaire, mais une espèce d'harmonie entre l'idée fausse que se fait le juge d'un acte innocent et les faits coupables qu'il a ignorés.
»Albertine disparue«- p. 1940.

Chagrin

*L*es idées sont des succédanés des chagrins; au moment où ceux-ci se changent en idées, ils perdent une partie de leur action nocive sur notre cœur, et même, au premier instant, la transformation elle-même dégage subitement de la joie.
»Proust – Pléiade t IV «- p. 485.

*L*e bonheur est salutaire pour le corps, mais c'est le chagrin qui développe les forces de l'esprit.
»Proust – Pléiade t IV «- p. 485.

*L*e chagrin n'est pas fait pour être remué. Il faut beaucoup d'immobilité pour qu'il retrouve et permette de retrouver un peu de sereine limpidité.
»La Recherche du temps perdu - Du côté de chez Swann«.

*L*e chagrin n'est nullement une conclusion pessimiste librement tirée d'un ensemble de circonstances funestes, mais la reviviscence intermittente et involontaire d'une impression spécifique, venue du dehors, et que nous n'avons pas choisie.
»Albertine disparue«- p. 1927.

Souffrance

n obéit à la souffrance.
»Sodome et Gomorrhe«- p. 1317.

omme la souffrance va plus loin en psychologie que la psychologie!
»Albertine disparue«- p. 1919.

'est souvent seulement par manque d'esprit créateur qu'on ne va pas assez loin dans la souffrance. Et la réalité la plus terrible donne en même temps que la souffrance la joie d'une belle découverte, parce qu'elle ne fait que donner une forme neuve et claire à ce que nous remâchions depuis longtemps sans nous en douter.
»Sodome et Gomorrhe«- p. 1593.

La douleur

'art n'est pas seul à mettre du charme et du mystère dans les choses les plus insignifiantes; ce même pouvoir de les mettre en rapport intime avec nous, est dévolu aussi à la douleur.

»Albertine disparue«- p. 1975.

t la douleur est un aussi puissant modificateur de la réalité qu'est l'ivresse.

»Albertine disparue«- p. 1994.

Vice intérieur

l n'est pas d'exil au Pôle Sud ou au sommet du Mont Blanc, qui nous éloigne autant des autres qu'un séjour prolongée au sein d'un vice intérieur, c'est-à-dire d'une pensée différente de la leur.

»La Prisonnière«- p. 1762.

n n'apprécie jamais personne autant que ceux qui joignent à de grandes vertus, celle de les mettre sans compter à la disposition de nos vices.

»La Prisonnière«- p. 1766.

Solitude

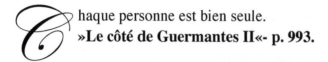haque personne est bien seule.
»Le côté de Guermantes II«- p. 993.

La réalité

a réalité est le plus habile des ennemis. Elle prononce ses attaques sur le point de notre cœur où nous ne les attendions pas, et nous n'avions pas préparé de défense.
»La Prisonnière«- p. 1895.

Le souvenir

cte nécessaire – acte libre.
»A l'ombre des jeunes filles en fleurs«- p. 647.

Le violon intérieur

ais c'était surtout en moi que j'entendais avec ivresse un son nouveau rendu par le violon intérieur. Ses cordes sont serrées ou détendues par de simples différences de la température, de la lumière extérieures. En notre être, instrument que l'uniformité de l'habitude a rendu silencieux, le chant naît de ces écarts, de ces variations, source de toute musique: le temps qu'il fait certains jours nous fait aussitôt passer d'une note à une autre.

Nous retrouvons l'air oublié dont nous aurions pu deviner la nécessité mathématique et que pendant les premiers instants nous chantons sans le connaître. Seules ces modifications internes, bien que venues du dehors, renouvelaient pour moi le monde extérieur.

Des portes de communication depuis longtemps condamnées se rouvraient dans mon cerveau. La vie de certaines villes, la gaieté de certaines promenades repreanient en moi leur place. Frémissant tout entier autour de la corde vibrante, j'aurais sacrifié ma terne vie d'autrefois et ma vie à venir, passées à la gomme à effacer de l'habitude, pour cet état si particulier.

»La Prisonnière«- p. 1621.

L'intervalle

ous nous sentons dans un monde, nous pensons, nous nommons dans un autre, nous pouvons entre les deux, établir une concordance mais non combler l'intervalle.

»Le côté de Guermantes«- p. 784.

L'inquiétude

Il y a certains états moraux, et notamment l'inquiétude, qui, ne nous présentant que deux alternatives, ont quelque chose d'aussi atrocement limité qu'une simple souffrance physique.
»La Prisonnière«- p. 1905.

Pour entrer en nous

Un être a été obligé de prendre la forme, de se plier au cadre du temps; ne nous apparaissant que par minutes successives, il n'a jamais pu nous livrer de lui qu'un seul aspect à la fois, nous débiter de lui qu'une seule photographie. Grande faiblesse sans doute pour un être, de consister en une simple collection de moments; grande force aussi; il relève de la mémoire, et la mémoire d'un moment n'est pas instruite de tout ce qui s'est passé depuis; ce moment qu'elle a enregistré dure encore, vit encore, et avec lui l'être qui s'y profilait. Et puis cet émiettement ne fait pas seulement vivre la morte, il la multiplie.
»Albertine disparue«- p. 1963.

La vie de tout autre

Sans doute pour chaque homme, la vie de tout autre prolonge dans l'obscurité des sentiers qu'on ne soupçonne pas.
»La Prisonnière«- p. 1756.

L' homme

'homme est l'être qui ne peut sortir de soi, qui ne connaît les autres qu'en soi et, en disant le contraire, ment. **»Albertine disparue«- p. 1943.**

Mélange altérant

es personnes, au fur et à mesure qu'on les connaît, sont comme un métal plongé dans un mélange altérant, et on les voit peu à peu perdre leurs qualités (comme parfois leurs défauts).
»Sodome et Gomorrhe«- p. 1354.

L'altruisme

ous les altruismes féconds de la nature se développent selon un mode égoïste, l'altruisme humain qui n'est pas égoïste est stérile – un égoïsme utilisable pour autrui. **»Le Temps retrouvé«- p. 2392.**

La beauté

 ar la beauté est une suite d'hypothèses que rétrécit la laideur en barrant la route que nous voyions déjà s'ouvrir sur l'inconnu.

»A l'ombre des jeunes filles en fleurs«- p. 565.

Le plagiat

e plagiat humain auquel il est le plus difficile d'échapper, pour les individus (et même pour les peuples qui persévèrent dans leurs fautes et vont les aggravant), c'est le plagiat de soi-même.

»Albertine disparue«- p. 1931.

Rêver sa vie

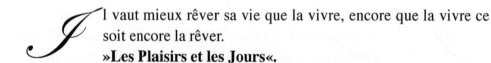 l vaut mieux rêver sa vie que la vivre, encore que la vivre ce soit encore la rêver.

»Les Plaisirs et les Jours«.

Sénilité bavarde

*J*e me consolais peut-être plus aisément de constater que celle que j'avais aimée n'était plus au bout d'un certain temps qu'un pâle souvenir que de retrouver en moi cette vaine activité qui nous fait perdre le temps à tapisser notre vie d'une végétation humaine vivace mais parasite, qui deviendra le néant aussi quand elle sera morte, qui déjà est étrangère à tout ce que nous avons connu et à laquelle pourtant cherche à plaire notre sénilité bavarde, mélancolique et coquette.

»Albertine disparue«- p. 2052.

L'inactivité complète

*E*t comme l'inactivité complète finit par avoir les mêmes effets que le travail exagéré, aussi bien dans le domaine moral que dans la vie du corps et des muscles, la constante nullité intellectuelle qui habitait sous le front songeur d'Octave avait fini par lui donner, malgré son air calme, d'inefficaces démangeaisons de penser qui la nuit l'empêchaient de dormir, comme il aurait pu arriver à un métaphysicien surmené.

»A l'ombre des jeunes filles en fleurs«- p. 689.

Le fond du coeur

J'avais cru bien connaître le fond de mon cœur. Mais notre intelligence, si grande soit-elle, ne peut apercevoir les éléments qui le composent et qui restent insoupçonnés tant que, de l'état volatil où ils subsistent la plupart du temps, un phénomène capable de les isoler ne leur a pas fait subir un commencement de solidification.

»Albertine disparue«- p. 1919.

On ne possède que ...

*O*n n'est que parce qu'on possède, on ne possède que ce qui vous est réellement présent, et tant de nos souvenirs, de nos humeurs, de nos idées partent faire des voyages loin de nous-mêmes, où nous les perdons de vue! Alors nous ne pouvons plus les faire entrer en ligne de compte dans ce total qui est notre être. Mais ils ont des chemins secrets pour rentrer en nous.

»Albertine disparue«- p. 1971.

LA MEMOIRE

Notre Moi

es jours anciens recouvrent peu à peu ceux qui les ont précédés, et sont eux-mêmes ensevelis sous ceux qui les suivent.

Mais chaque jour ancien reste déposé en nous comme dans une bibliothèque immense où il y a des plus vieux livres un exemplaire que sans doute personne n'ira jamais demander.

Pourtant que ce jour ancien, traversant la translucidité des époques suivantes, remonte à la surface et s'étende en nous qu'il couvre tout entier, alors pendant un moment, les noms reprennent leur ancienne signification, les êtres leur ancien visage, nous notre âme d'alors et nous sentons avec une souffrance vague mais devenue supportable et qui ne durera pas, les problèmes devenus depuis longtemps insolubles qui nous angoissaient tant alors.

Notre moi est fait de la superposition de nos états successifs. Mais cette superposition n'est pas immuable comme la stratification d'une montagne. Perpétuellement des soulèvements font affleurer à la surface des couches anciennes.

»Albertine disparue«- p. 2014.

Mémoire des membres

Il semble qu'il y ait une mémoire involontaire des membres, pâle et stérile imitation de l'autre, qui vive plus longtemps comme certains animaux ou végétaux inintelligents vivent plus longtemps que l'homme. Les jambes, les bras son plein de souvenirs engourdis.
»Le Temps retrouvé« – p. 2132.

Mémoire »pharmacie«

Nous trouvons de tout dans notre mémoire: elle est une espèce de pharmacie, de laboratoire de chimie, où on met au hasard la main tantôt sur une drogue calmante, tantôt sur un poison dangereux.
»La Prisonnière «- p. 1896.

Mémoire - habitude

O r, les souvenirs d'amour ne font pas exception aux lois générales de la Mémoire, elles-mêmes régies par les lois plus générales de l'habitude. Comme celle-ci affaiblit tout, ce qui nous rappelle le mieux un être, c'est justement ce que nous avions oublié (parce que c'était insignifiant, et que nous lui avions ainsi laissé toute sa force). C'est pourquoi la meilleures part de notre mémoire est hors de nous, dans un souffle pluvieux, dans l'odeur de renfermé d'une chambre ou dans l'odeur d'une première flambée, partout où nous retrouvons de nous-même ce que notre intelligence, n'en ayant pas l'emploi, avait dédaigné, la dernière réserve du passé, la meilleure, celle qui, quant toutes nos larmes semblent taries, sait nous faire pleurer encore.

Hors de nous? En nous pour mieux dire, mais dérobée à nos propres regards, dans un oubli plus ou moins prolongé. C'est grâce à cet oubli seul que nous pouvons de temps à autre retrouver l'être que nous fûmes, nous placer vis-à-vis des choses comme cet être l'était, souffrir à nouveau, parce que nous ne sommes plus nous, mais lui, et qu'il aimait ce qui nous est maintenant indifférent. Au grand jour de la mémoire habituelle, les images du passé pâlissent peu à peu, s'effacent, il ne reste plus rien d'elles, nous ne le retrouverons plus.

Ou plutôt nous ne le retrouverions plus, si quelques mots (comme »directeur au ministère des Postes«) n'avaient été soigneusement enfermés dans l'oubli, de même qu'on dépose à la Bibliothèque nationale un exemplaire d'un livre qui sans cela risquerait de devenir introuvable.
»A l'ombre des jeunes filles en fleurs«- p. 511-512.

Jeu de cache-cache

*D*ans ce grand »cache-cache« qui se joue dans la mémoire quand on veut retrouver un nom, il n'y a pas une série d'approximations graduées. On ne voit rien puis tout d'un coup apparaît le nom exact et fort différent de ce qu'on croyait deviner. Ce n'est pas lui qui est venu à nous. Non, je crois plutôt qu'au fur et à mesure que nous vivons, nous passons notre temps à nous éloigner de la zone où un nom distinct, et c'est par un exercice de ma volonté et de mon attention, qui augmentait l'acuité de mon regard intérieur, que tout d'un coup j'avais percé la demi-obscurité et vu clair.

En tous cas s'il y a des transitions entre l'oubli et le souvenir, alors ces transitions sont inconscientes. Car les noms d'étape par lesquels nous passons, avant de trouver le nom vrai, sont, eux, faux, et ne nous rapprochent en rien de lui. Ce ne sont même pas à proprement parler des noms, mais souvent de simples consonnes et qui ne se retrouvent pas dans le nom retrouvé.

D'ailleurs ce travail de l'esprit passant du néant à la réalité est si mystérieux, qu'il est possible après tout que ces consonnes fausses soient des perches préalables, maladroitement tendues pour nous aider à nous accrocher au nom exact.
»Sodome et Gomorrhe II«- p. 1248.

Les intermittences du coeur

À n'importe quel moment que nous la considérions, notre âme totale n'a qu'une valeur presque fictive, malgré de nombreux bilans de ses richesses, car tantôt les unes, tantôt les autres sont indisponibles.

Aux troubles de la mémoire sont liées les intermittences du cœur. C'est sans doute l'existence de notre corps, semblable pour nous à un vase où notre spiritualité serait enclose, qui nous induit à supposer que tous nos biens intérieurs, nos joies passées, toutes nos douleurs sont perpétuellement en notre possession.

»Sodome et Gomorrhe II«- p. 1248.

Le passé dans le présent

La Mémoire, introduisant le passé dans le présent, sans le modifier, tel qu'il était au moment où il était présent, supprime précisément cette grande dimension du Temps suivant laquelle la vie se réalise.

»Le Temps retrouvé«- p. 2388.

Souvenir

a cruauté du souvenir.
»Albertine disparue«- p. 2024.

L'oubli si total

'est notre plus juste et plus cruel châtiment de l'oubli si total, paisible comme ceux des cimetières, par quoi nous nous sommes détachés de ceux que nous n'aimons plus, que nous entrevoyions ce même oubli comme inévitable à l'égard de ceux que nous aimons encore.
»Albertine disparue«- p. 1966.

'odeur et la saveur restent, comme des âmes sur la ruine de tout le reste, à porter sans fléchir, sur leur gouttelette presque impalpable, l'édifice immense du souvenir.
»Sodome et Gomorrhe I«.

'il est vrai que la mer ait été autrefois notre milieu vital où il faille replonger notre sang pour retrouver nos forces, il en est de même de l'oubli, du néant mental; on semble alors absent du temps pendant quelques heures; mais les forces qui se sont rangées pendant ce temps-là sans être dépensées le mesurent par leur quantité aussi exactement que les poids de l'horloge ou les croulants monticules du sablier.
»A l'ombre des jeunes filles en fleurs«- p. 646.

Actes libres et nécessaires

*L*a philosophie parle souvent d'actes libres et d'actes nécessaires. Peut-être n'en est-il pas de plus complètement subi par nous que celui qui en vertu d'une force ascensionnelle comprimée pendant l'action, fait, une fois notre pensée au repos, remonter ainsi un souvenir jusque-là nivelé avec les autres par la force oppressive de la distraction, et s'élancer parce qu'à notre insu il contenait plus que les autres un charme dont nous ne nous apercevons que vingt-quatre heures après. Et peut-être n'y a-t-il pas non plus d'acte aussi libre, car il est encore dépourvu de l'habitude, de cette sorte de manie mentale qui dans l'amour favorise la renaissance exclusive de l'image d'une certaine personne.

»A l'ombre des jeunes filles en fleurs«- p. 647.

La perpétuelle renaissance de moments anciens

*Q*uand j'étais seul, la douceur, c'était justement, à l'appel de nos moments identiques, la perpétuelle renaissance de moments anciens.

Par le bruit de la pluie m'était rendue l'odeur des lilas de Combray; par la mobilité du soleil sur le balcon, les pigeons des Champs-Elysées; par l'assourdissement des bruits dans la chaleur de la matinée, la fraîcheur des cerises; le désir de la Bretagne ou de Venise par le bruit du vent et le retour de Pâques.

De ma chambre obscure, avec un pouvoir d'évocation égal à celui d'autrefois mais qui ne me donnait plus que de la souffrance, je sentais que dehors, dans la pesanteur de l'air, le soleil déclinant mettait sur la verticalité des maisons, des églises, un fauve badigeon.
»Albertine disparue«- p. 1964.

Les fils mystérieux

Le poète a eu raison de parler des »fils mystérieux« que la vie brise. Mais il est encore plus vrai qu'elle en tisse sans cesse entre les êtres, entre les événements, qu'elle entre-croise ces fils, qu'elle les redouble pour épaissir la trame, si bien qu'entre le moindre point de notre passé et tous les autres un riche réseau de souvenirs ne laisse que le choix des communications.
»Le Temps retrouvé« – p. 2388.

Mais ne pouvant penser à la fois à ce que j'étais et à ce que je serais, je pensais avec désespoir à tout ce tégument de caresses, de baisers, de sommeils amis, dont il faudrait bientôt me laisser dépouiller pour jamais.
»Albertine disparue«- p. 1966-1967.

La vie antérieure

Nous ne nous rappelons pas nos souvenirs des trente dernières années; mais ils nous baignent tout entiers; pourquoi alors s'arrêter à trente années, pourquoi ne pas prolonger jusqu'au-delà de la naissance cette vie antérieure? Du moment que je ne connais pas toute une partie des souvenirs qui sont derrière moi, du moment qu'ils me sont invisibles, que je n'ai pas la faculté de les appeler à moi, qui me dit que dans cette masse inconnue de moi, il n'y en a pas qui remontent à bien au-delà de ma vie humaine.
»Sodome et Gomorrhe«- p. 1407.

L'ART

Création littéraire

Il n'est pas certain que, pour créer une œuvre littéraire, l'imagination et la sensibilité ne soient pas des qualités interchangeables et que la seconde ne puisse pas sans grand inconvénient être substituée à la première, comme des gens dont l'estomac est incapable de digérer chargent de cette fonction leur intestin. Un homme né sensible et qui n'aurait pas d'imagination pourrait malgré cela écrire des romans admirables. La souffrance que les autres lui causeraient, ses efforts pour la prévenir, les conflits qu'elle et la seconde personne cruelle créeraient, tout cela interprété par l'intelligence, pourrait faire la matière d'un livre non seulement aussi beau que s'il était imaginé, inventé, mais encore aussi extérieur à la rêverie de l'auteur s'il avait été livré à lui-même et heureux, aussi surprenant pour lui-même, aussi accidentel qu'un caprice fortuit de l'imagination.

»Le Temps retrouvé«- p. 2289.

Création artistique

*S*eulement, après cette marée montante du génie qui recouvre la vie, quand le cerveau se fatigue, peu à peu l'équilibre se rompt, et comme un fleuve qui reprend son cours après le contre-flux d'une grande marée, c'est la vie qui reprend le dessus. Or, pendant que durait la première période, l'artiste a peu à peu dégagé la loi, la formule de son don inconscient.

Il sait quelles situations s'il est romancier, quels paysages s'il est peintre, lui fournissent la matière, indifférente en soi, mais nécessaire à ses recherches comme serait un laboratoire ou un atelier.

Il sait qu'il a fait ses chefs-d'œuvre avec des effets de lumière atténuée, avec des remords modifiant l'idée d'une faute, avec des femmes posées sous les arbres ou à demi plongées dans l'eau comme des statues. Un jour viendra où par l'usure de son cerveau, il n'aura plus devant ces matériaux dont se servait son génie, la force de faire l'effort intellectuel qui seul peut produire l'œuvre et continuera pourtant à les rechercher, heureux de se trouver près d'eux à cause du plaisir spirituel, amorce du travail, qu'ils éveillent en lui; et les entourant d'ailleurs d'une sorte de superstition comme s'ils étaient supérieurs à autre chose, si en eux résidait déjà une bonne part de l'œuvre d'art qu'ils porteraient en quelque sorte toute faite, il n'ira pas plus loin que la fréquentation, l'adoration des modèles. Il causera indéfiniment avec des criminels repentis, dont les remords, la régénération a fait jadis l'objet de ses romans; il achètera une maison de campagne dans un pays où la brume atténue la lumière; il passera de longues heures à regarder des femmes se baigner; il collectionnera les belles étoffes. Et ainsi la beauté de la vie, mot en quelque sorte dépourvu de signification, stade situé en deçà de l'art et auquel j'avais vu s'arrêter Swann, était celui où par ralentissement du génie créateur, idolâtrie des formes qui l'avaient favorisés, désir du moindre effort, devait un jour rétrograder peu à peu un Elstir.

»A l'ombre des jeunes filles en fleurs«- p. 668.

L'angoisse de créer

*N*ous goûtons les fines musiques, les beaux tableaux, mille délicatesses, mais nous ne savons pas ce qu'elles ont coûté à ceux qui les inventèrent, d'insomnies, de pleurs, de rires spasmodiques, d'urticaires, d'asthmes, d'épilepsies, d'une angoisse de mourir qui est pire que tout cela,
»Le côté de Guermantes«- p. 979.

*N*ous pouvons causer pendant toute une vie sans rien dire que répéter indéfiniment le vide d'une minute, tandis que la marche de la pensée dans le travail solitaire de la création artistique se fait dans le sens de la profondeur, la seule direction qui ne nous soit pas fermée, où nous puissions progresser, avec plus de peine il est vrai, pour un résultat de vérité.
»A l'ombre des jeunes filles en fleurs«- p. 709.

Les Lois de l'Art

*B*ien qu'on dise avec raison qu'il n'y a pas de progrès, pas de découvertes en art, mais seulement dans les sciences, et que chaque artiste recommençant pour son compte un effort individuel ne peut y être aidé ni entravé par les efforts de tout autre, il faut pourtant reconnaître que dans la mesure où l'art met en lumière certaines lois, une fois qu'une industrie les a vulgarisées, l'art antérieur perd rétrospectivement un peu de son originalité.
»A l'ombre des jeunes filles en fleurs«- p. 658.

Assimilation

'est que ce qui a précédé, on le considère sans tenir compte qu'une longue assimilation l'a converti pour nous en une matière variée, sans doute, mais somme toute homogène, où Hugo voisine avec Molière.

»A l'ombre des jeunes filles en fleurs«- p. 424.

Poète

e poète est à plaindre, et qui n'est guidé par aucun Virgile, d'avoir à traverser les cercles d'un enfer de soufre et de poix, de se jeter dans le feu qui tombe du ciel pour en ramener quelques habitants de Sodome.

Aucun charme dans son œuvre; la même sévérité dans sa vie qu'aux défroqués qui suivent la règle du célibat le plus chaste pour qu'on ne puisse pas attribuer à autre chose qu'à la perte d'une croyance d'avoir quitté la soutane.

Encore n'en est-il pas toujours de même pour ces écrivains. Quel est le médecin de fous qui n'aura pas à force de les fréquenter eu sa crise de folie? Heureux encore s'il peut affirmer que ce n'est pas une folie antérieure et latente qui l'avait voué à s'occuper d'eux.

L'objet de ses études pour un psychiatre, réagit souvent sur lui. Mais avant cela, cet objet, quelle obscure inclination, quel fascinateur effroi le lui avait fait choisir.

»La Prisonnière«- p. 1758.

Poétique

Qu'y -t-il de plus poétique que Xerxès, fils de Darius, faisant fouetter de verges la mer qui avait englouti ses vaisseaux?
»La Prisonnière «- p. 1637.

Banalités

ous avons vu d'ennuyeux diseurs de banalités écrire des chefs-d'œuvre, et des rois de la causerie être inférieurs au plus médiocre dès qu'ils s'essayaient à écrire.
»La Prisonnière«- p. 1759.

Solitude

Un artiste pour être tout à fait dans la vérité de la vie spirituelle doit être seul et ne pas prodiguer de son moi, même à des disciples.
»A l'ombre des jeunes filles en fleurs«- p. 677.

Charme et mystère

'art n'est pas seul à mettre du charme et du mystère dans les choses les plus insignifiantes; ce même pouvoir de les mettre en rapport intime avec nous est dévolu aussi à la douleur.

»Albertine disparue«- p. 1975.

Œuvre de génie

e qui est cause qu'une œuvre de génie est difficilement admirée de suite, c'est que celui qui l'a écrite est extraordinaire, que peu de gens lui ressemblent —

Ce qu'on appelle la postérité, c'est la postérité de l'œuvre. Il faut que l'œuvre — crée elle-même sa postérité — aussi faut-il que l'artiste – s'il veut que son œuvre puisse suivre sa route, la lance, là où il y a assez de profondeur, en plein et lointain avenir —

C'est ce qui a précédé on le considère sans tenir compte qu'une longue assimilation l'a converti pour nous en une matière variée sans doute, mais somme toute homogène, où Hugo voisine avec Molière.

»A l'ombre des jeunes filles en fleurs«- p. 424.

L'instinct

À tout moment l'artiste doit écouter son instinct, ce qui fait que l'art est ce qu'il y a de plus réel, la plus austère école de la vie, et le vrai Jugement dernier, Ce livre, le plus pénible de tous à déchiffrer, est aussi le seul que nous ait dicté la réalité, le seul dont l'»impression« ait été faite en nous par la réalité même. De quelque idée laissée en nous par la vie qu'il s'agisse, sa figure matérielle, trace de l'impression qu'elle nous a faite, est encore le gage de sa vérité nécessaire. Les idées formées par l'intelligence pure n'ont qu'une vérité logique, une vérité possible, leur élection est arbitraire. Le livre aux caractères figurés, non tracés par nous, est notre seul livre.
»Le Temps retrouvé«- p. 2272.

La loi cruelle de l'Art

Moi je dis que la loi cruelle de l'Art est que les êtres meurent et que nous-mêmes mourions en épuisant toutes les souffrances, pour que pousse l'herbe non de l'oubli mais de la vie éternelle, l'herbe drue des oeuvres fécondes, sur laquelle les générations viendront faire gaiement, sans souci de ceux qui dorment en dessous, leur »*déjeuner sur l'herbe*«.
»Le Temps retrouvé«- p. 2394.

187

La littérature

*L*a littérature qui se contente de »*décrire les choses*«, d'en donner seulement un misérable relevé de lignes et de surfaces, est celle qui, tout en s'appelant réaliste, est la plus éloignée de la réalité, celle qui nous appauvrit et nous attriste le plus, car elle coupe brusquement toute communication de notre moi présent avec le passé, dont les choses gardaient l'essence, et l'avenir où elles nous incitent à la goûter de nouveau. C'est elle que l'art digne de ce nom doit exprimer, —
»Le Temps retrouvé«- p. 2276.

Les racines du roman

L'ingéniosité du premier romancier consista à comprendre que dans l'appareil de nos émotions, l'image étant le seul élément essentiel, la simplification qui consisterait à supprimer purement et simplement les personnages réels serait un perfectionnement décisif.

Un être réel, si profondément que nous sympathisions avec lui, pour une grande part est perçu par nos sens, c'est-à-dire nous reste opaque, offre un poids mort que notre sensibilité ne peut soulever.

Qu'un malheur le frappe, ce n'est qu'en une petite partie de la notion totale que nous avons de lui, que nous pourrons en être émus, bien plus, ce n'est qu'en une partie de la notion totale qu'il a de soi, qu'il pourra l'être lui-même. La trouvaille du romancier a été d'avoir l'idée de remplacer ces parties impénétrables à l'âme par une quantité égale de parties immatérielles, c'est-à-dire que notre âme peut s'assimiler.

Qu'importe dès lors que les actions, les émotions de ces êtres d'un nouveau genre nous apparaissent comme vraies, puisque nous les avons faites nôtres, puisque c'est en nous qu'elles se produisent, qu'elles tiennent sous leur dépendance, tandis que nous tournons fiévreusement les pages du livre, la rapidité de notre respiration et l'intensité de notre regard.

Et une fois que le romancier nous a mis dans cet état, où comme dans tous les états purement intérieurs, toute émotion est décuplée, où son livre va nous troubler à la façon d'un rêve mais d'un rêve plus clair que ceux que nous avons en dormant et dont le souvenir durera davantage, alors, voici qu'il déchaîne en nous pendant une heure tous les bonheurs et tous les malheurs possibles dont nous mettrions dans la vie des années à connaître quelques-uns, et dont les plus intenses ne nous seraient jamais révélés parce que la lenteur avec laquelle ils se produisent nous en ôte la perception , (ainsi notre cœur change, dans la vie, et c'est la pire douleur; mais nous ne la connaissons que dans la lecture, en imagination: dans la réalité il change, comme certains phénomènes de la nature se produisent, assez lentement pour que, si nous pouvons constater successivement chacun de ses états différents, en revanche la sensation même du changement nous soit épargnée).

»Du côté de chez Swann - Combray, II« – p. 75-76.

*E*t parfois la lecture d'un roman un peu triste me ramenait brusquement en arrière, car certains romans sont comme de grands deuils momentanés, abolissant l'habitude, nous remettent en contact avec la réalité de la vie, mais pour quelques heures seulement, comme un cauchemar, en les forces de l'habitude, l'oubli qu'elles produisent, la gaieté qu'elles ramènent par l'impuissance du cerveau à lutter contre elles est à recréer le vrai, l'emportent infiniment sur la suggestion presque hypnotique d'un beau livre, laquelle, comme toutes les suggestions, a des effets très courts.

»Albertine disparue«- Chapitre II« - p. 2027.

Dostoïevski

hez Dostoïevski il y a, concentré, encore contracté et grognon, beaucoup de ce qui s'épanouira chez Tolstoï. Il y a chez Dostoïevski cette maussaderie anticipée des primitifs que les disciples éclairciront.
»La Prisonnière«- p. 1889.

Dostoïevski et Ver Meer

ais pour revenir à la beauté neuve que Dostoïevski a apportée au monde, comme chez Ver Meer il y a création d'une certaine âme, d'une certaine couleur des étoffes et des lieux, il n'y a pas seulement création d'êtres, mais de demeures chez Dostoïevski, et la maison de l'Assassinat dans Crime et Châtiment, avec son dvornik, n'est pas aussi merveilleuse que le chef-d'œuvre de la maison de l'Assassinat dans Dostoïevski, cette sombre, et si longue, et si haute et si vaste maison de Rogojine où il tue Nastasia Philipovna. Cette beauté nouvelle et terrible d'une maison, cette beauté nouvelle et mixte d'un visage de femme, voilà ce que Dostoïevski a apporté d'unique au monde …
»La Prisonnière«- p. 1887.

190

Dostoïevski et l'âme humaine

hez Dostoïevski, je trouve des puits excessivement profonds, mais sur quelques points isolés de l'âme humaine. Mais c'est un grand créateur.
»La Prisonnière«- p. 1888.1889.

Amour-propre des personnages de Dostoïevski

vez-vous remarqué le rôle que l'amour-propre et l'orgueil jouent chez ses personnages?

On dirait que pour lui l'amour et la haine la plus éperdue, la bonté et la traîtrise, la timidité et l'insolence, ne sont que deux états d'une même nature…
»La Prisonnière«- p. 1889.

Charles Péguy

»Je trouve la mort de Péguy admirable, mais non ce que j'ai lu de lui ...
Un art où une chose est redite dix fois en laissant le choix entre dix
formules, dont aucune n'est vraie, est pour moi le contraire de l'art «.
»Lettre de novembre 1914 à Lucien Daudet citée par Ghislain de Diesbach – Sur Proust«- p. 591.

Gustave Flaubert

Il n'est pas possible à quiconque est un jour monté sur ce grand trottoir roulant que sont les pages de Flaubert, au défilement continu, monotone, morne, indéfini, de méconnaître qu'elles sont sans précédent dans la littérature.
»Essais et articles dans Contre Sainte-Beuve - Pléiade«.

L'essence de la musique

st de réveiller en nous un fond mystérieux (et inexprimable à la littérature et en général à tous les modes d'expression finis, qui se servent de mots et par conséquent d'idées, choses déterminées ou d'objets déterminés; peinture – sculpture) de notre âme, qui commence là où le fini et tous les arts qui ont pour objet le fini s'arrêtent, là où la science s'arrête, et qu'on peut appeler pour cela religieux.
»Lettre à Suzette Lemaire – mai 1898 – Correspondance I« – p. 388-389.

Frédéric Chopin

lle avait appris dans sa jeunesse à caresser les phrases, au long col sinueux et démesuré, de Chopin, si libres, si flexibles, si tactiles, qui commencent par chercher et essayer leur place en dehors et bien loin de la direction de leur départ, bien loin du point où on avait pu espérer qu'atteindrait leur attouchement, et qui ne se jouent dans cet écart de fantaisie que pour revenir plus délibérément – d'un retour plus prémédité, avec plus de précision, comme sur un cristal qui résonnerait jusqu'à faire crier – vous frapper au cœur. **»Du côté de chez Swann« – p. 266.**

Violon

*I*l y a dans le violon – si, ne voyant pas l'instrument, on ne peut pas rapporter ce qu'on entend à son image, laquelle modifie la sonorité – des accents qui lui sont si communs avec certaines voix de contralto, qu'on a l'illusion qu'une chanteuse s'est ajoutée au concert.

On lève les yeux, on ne voit que les étuis, précieux comme des boîtes chinoises, mais, par moments, on est encore trompé par l'appel décevant de la sirène; parfois aussi on croit entendre un génie captif qui se débat au fond de la docte boîte, ensorcelée et frémissante, comme un diable dans un bénitier; parfois enfin, c'est dans l'air, comme un être surnaturel et pur qui passe en déroulant son message invisible.

»Du côté de chez Swann« – p. 279.

Piano

*L*e champ ouvert au musicien n'est pas un clavier mesquin de sept notes, mais un clavier incommensurable, encore presque tout entier inconnu, où seulement çà et là, séparées par d'épaisses ténèbres inexplorées, quelques-unes des millions de touches de tendresse, de passion, de courage, de sérénité qui le composent, chacune aussi différente des autres qu'un univers d'un autre univers, ont été découvertes par quelques grands artistes qui nous rendent le service, en éveillant en nous le correspondant du thème qu'ils ont trouvé, de nous montrer quelle richesse, quelle variété, cache à notre insu cette grande nuit impénétrée et décourageante de notre âme que nous prenons pour du vide et pour du néant.

»Du côté de chez Swann« – p. 280.

SADISME

*L*es sadiques (de l'espèce de Mlle Vinteuil) sont des êtres si purement sentimentaux, si naturellement vertueux que même le plaisir sensuel leur paraît quelque chose de mauvais, le privilège des méchants. Et quand ils se concèdent à eux-mêmes de s'y livrer un moment, c'est dans la peau des méchants qu'ils tâchent d'entrer et de faire entrer leur complice, de façon à avoir eu un moment l'illusion de s'être évadées de leur âme scrupuleuse et tendre, dans le monde inhumain du plaisir.

»A l'ombre des jeunes filles en fleurs«- p. 709.

*I*l n'y a guère que le sadisme qui donne un fondement dans la vie à l'esthétique du mélodrame.

»Du côté de chez Swann – Combray, II«- p. 136.

L' habitude

— l'habitude abêtissante qui pendant tout le cours de notre vie nous cache à peu près tout l'univers et dans une nuit profonde, sous leur étiquette inchangée, substitue aux poisons les plus dangereux ou les plus enivrants de la vie quelque chose d'anodin qui ne procure pas de délices.
»**Albertine disparue**« – **p. 2013.**

Tout regard habituel est une nécromancie, et chaque visage qu'on aime, le miroir du passé.
»**Le côté de Guermantes**« – **p. 853.**

C'est d'ordinaire avec notre être réduit au minimum que nous vivons; la plupart de nos facultés restent endormies, parce qu'elles se reposent sur l'habitude qui sait ce qu'il y a à faire et n'a pas besoin d'elles.
»**A l'ombre des jeunes filles en fleur**« – **p. 522.**

— la constance d'une habitude est d'ordinaire en rapport avec son absurdité. Les choses éclatantes, on ne les fait généralement que par à-coups.
Mais des vies insensées, où le maniaque se prive lui-même de tous les plaisirs et s'inflige les plus grands maux, ces vies sont ce qui change le moins.
»**La Prisonnière**« – **p. 1635.**

–les effets analgésiques de l'habitude.
»A l'ombre des jeunes filles en fleur« – **p. 533.**

*D*ès le second jour, il me fallait aller coucher à l'hôtel. Et je savais d'avance que fatalement j'allais y trouver la tristesse. Elle était comme un arôme irrespirable que depuis ma naissance exhalait pour moi toute chambre nouvelle, c'est-à-dire toute chambre dans celle que j'habitais d'ordinaire, je n'étais pas présent, ma pensée restait ailleurs et à sa place envoyait seulement l'Habitude.
»Le côté de Guermantes«.

– l'habitude est, de toutes les plantes humaines celles qui a le moins besoin de sol nourricier pour vivre, et qui apparaît la première sur le roc en apparence le plus isolé.
»Le côté de Guermantes«.

*O*r, si en dormant mes yeux n'avaient pas vu l'heure, mon corps avait su la calculer, il avait mesuré le temps non pas sur un cadran superficiellement figuré, mais par la pesée progressive de toutes mes forces refaites que, comme une puissante horloge il avait cran par cran laissé descendre de mon cerveau dans le reste de mon corps où elles entassaient maintenant jusqu'au-dessus de mes genoux l'abondance intacte de leurs provisions.
»A l'ombre des jeunes filles en fleurs« – **p. 646.**

Vérité et mensonge

*L*a vérité n'a pas besoin d'être dite pour être manifestée et on peut, peut-être, la recueillir plus sûrement, sans attendre les paroles et sans tenir même compte d'elles, dans mille signes extérieurs, même dans le monde des caractères à ce que sont, dans la nature physique les changements atmosphériques.
»Le côté de Guermantes I«.

*L*e mensonge est essentiel à l'humanité. Il y joue peut-être un aussi grand rôle que la recherche du plaisir, et d'ailleurs est commandé par cette recherche. On ment pour protéger son plaisir, ou son honneur si la divulgation du plaisir est contraire à l'honneur. On ment toute sa vie, même, surtout, peut-être seulement, à ceux qui nous aiment.
»Albertine disparue«- p. 2063.

L'AMOUR

 'amour n'est peut-être que la propagation de ces remous qui, à la suite d'une émotion, émeuvent l'âme.
»La Prisonnière «- p. 1618.

Distances intérieures

 es affreuses distances intérieures au terme desquelles une femme que nous aimons paraît si lointaine.
»A l'ombre des jeunes filles en fleurs«- p. 424.

Amours successifs

 ar ce que nous croyons notre amour, notre jalousie, n'est pas une même passion continue, indivisible. Ils se composent d'une infinité d'amours successifs, de jalousies différentes et qui sont éphémères, mais leur multitude ininterrompue donnent l'impression de la continuité, l'illusion de l'unité.
»Du côté de chez Swann« – p. 297.

Première rencontre

*J*e rentrai en pensant à cette matinée, en revoyant l'éclair au café que j'avais fini de manger avant de me laisser conduire par Elstir auprès d'Albertine, la rose que j'avais donnée au vieux monsieur, tous ces détails choisis à notre insu par les circonstances et qui composent pour nous, en un arrangement spécial et fortuit, le tableau d'une première rencontre.
»**A l'ombre des jeunes filles en fleur**« – **p. 685-686.**

– bien souvent pour que nous découvrions que nous sommes amoureux, peut-être même pour que nous le devenions, il faut qu'arrive le jour de la séparation.
»**Albertine disparue**« - **p. 1985.**

*L*e lendemain vint une lettre dont l'enveloppe suffit à me faire frémir, j'avais reconnu qu'elle était d'Aimé, car chaque personne, même la plus humble, a sous sa dépendance ces petits êtres familiers, à la fois vivants et couchés dans une espèce d'engourdissement sur le papier, les caractères de son écriture que lui seul possède.
»**Albertine disparue**« - **p. 1998-1999.**

Le propre de l'amour

C'est le propre de l'amour de nous rendre à la fois défiants et plus crédules, de nous faire soupçonner, plus vite que nous n'aurions fait une autre, celle que nous aimons, et d'ajouter foi plus aisément à ses dénégations.
»Sodome et Gomorrhe II« – p. 1384.

*I*l arriverait, si nous savions mieux analyser nos amours, de voir que souvent les femmes ne nous plaisent qu'à cause du contrepoids d'hommes à qui nous avons à les disputer; ce contrepoids supprimé, le charme de la femme tombe.

On en a un exemple douloureux et préventif dans cette prédilection des hommes pour les femmes qui, avant de les connaître, ont commis des fautes, pour ces femmes qu'ils sentent enlisées dans le danger et qu'il leur faut, pendant toute la durée de leur amour, reconquérir; ou l'exemple postérieur au contraire et nullement dramatique celui-là, de l'homme qui, sentant s'affaiblir son goût pour la femme qu'il aime, applique spontanément les règles qu'il a dégagées, et pour être sûr qu'il ne cesse pas d'aimer la femme, la met dans un milieu dangereux où il lui faut la protéger chaque jour. (Le contraire des hommes qui exigent qu'une femme renonce au théâtre, bien que, d'ailleurs, c'est parce qu'elle avait été au théâtre qu'ils l'ont aimée.)
»La Prisonnière« – p. 1913-1914.

*J*e pouvais bien prendre Albertine sur mes genoux, tenir sa tête dans mes mains, je pouvais la caresser, passer longuement mes mains sur elle, mais, comme si j'eusse manié une pierre qui enferme la salure des océans immémoriaux ou le rayon d'une étoile, je sentais que je touchais seulement l'enveloppe close d'un être qui par l'intérieur accédait à l'infini. Combien je souffrais de cette position où nous a réduits l'oubli de la nature qui, en instituant la division des corps, n'a pas songé à rendre possible l'interpénétration des âmes.

»La Prisonnière« – p. 1893.

– car c'est une charmante loi de nature qui se manifeste au sein des sociétés les plus complexes, qu'on vive dans l'ignorance parfaite de ce qu'on aime.

»Le Côté de Guermantes« – p. 962.

Dans un bois, l'amateur d'oiseaux distingue aussitôt ces gazouillis particuliers à chaque oiseau, que le vulgaire confond. L'amateur de jeunes filles sait que les voix humaines sont encore bien plus variées. Chacune possède plus de notes que le plus riche instrument. Et les combinaisons selon lesquelles elle les groupe sont aussi inépuisables que l'infinie variété des personnalités.

»A l'ombre des jeunes filles en fleurs«- p. 710.

Il en est des plaisirs comme des photographies. Ce qu'on prend en présence de l'être aimé, n'est qu'un cliché négatif, on le développe plus tard, une fois chez soi, quand on a retrouvé à sa disposition cette chambre noire intérieure dont l'entrée est »condamnée« tant qu'on voit du monde.

»A l'ombre des jeunes filles en fleurs«- p. 684.

*A*u milieu du plus complet aveuglement la perspicacité subsiste sous la forme même de la prédilection et de la tendresse, de sorte qu'on a tort de parler en amour de mauvais choix, puisque, dès qu'il y a choix, il ne peut être que mauvais.
»Albertine disparue«- p. 2064.

C'est étonnant comme la jalousie, qui passe son temps à faire de petites suppositions, dans le faux, a peu d'imagination quand il s'agit de découvrir le vrai.
»Albertine disparue«- p. 1931.

*L*a jalousie est un bon recruteur qui, quand il y a un creux dans notre tableau, va nous chercher dans la rue la belle fille qu'il fallait. Elle n'était plus belle, elle l'est redevenue, car nous sommes jaloux d'elle, elle remplira ce vide.
»Le Temps retrouvé«- p. 2301.

*D*ans ces cas où c'est une attente vaine, un mot de refus qui fixe un choix, l'imagination fouettée par la souffrance va si vite dans son travail, fabrique avec une rapidité si folle un amour à peine commencé et qui restait informe, destiné à rester à l'état d'ébauche depuis des mois, que par instants l'intelligence qui n'a pu rattraper le cœur, s'étonne, s'écrie: *»Mais tu es fou, dans quelles pensées nouvelles vis-tu si douloureusement? tout cela n'est pas la vie réelle.«*
»Albertine disparue«- p. 1985.

Les substituts de plaisir

ais enfin j'avais autrefois l'illusion de ressaisir Balbec, quand, à Paris, Albertine venait me voir et que je la tenais dans mes bras; de même que je prenais un contact bien étroit et furtif d'ailleurs, avec la vie d'Albertine, l'atmosphère des ateliers, une conversation de comptoir —

— des substituts de plaisir se remplaçant l'un l'autre en dégradation successive, qui nous permettent de nous passer de celui que nous ne pouvons plus atteindre — de ces plaisirs (comme celui d'aller voir au Louvre un Titien qui y fut jadis, console de ne pouvoir aller à Venise), qui séparés les uns des autres par des nuances indiscernables, font de notre vie comme une suite de zones concentriques, contiguës, harmoniques et dégradées, autour d'un désir premier qui a donné le ton, éliminé ce qui ne se fond pas avec lui, répandu la teinte maîtresse...

»Albertine disparue«- p. 2020.

Les homosexuels

Il appartenait à la race de ces êtres moins contradictoires qu'ils n'en ont l'air, dont l'idéal est viril, justement parce que leur tempérament est féminin, et qui sont dans la vie pareils, en apparence seulement, aux autres hommes; là où chacun porte, inscrite en ces yeux à travers lesquels il voit toutes choses dans l'univers, une silhouette intaillée dans la facette de la prunelle, pour eux ce n'est pas celle d'une nymphe, mais d'un éphèbe. Race sur qui pèse une malédiction et qui doit vivre dans le mensonge et le parjure, puisqu'elle sait tenu pour punissable et honteux, pour inavouable, son désir, ce qui fait pour toute créature la plus grande douceur de vivre …

»Sodome et Gomorrhe I«- p. 1219.

– si bien que tout en niant qu'ils soient une race (dont le nom est la plus grande injure), ceux qui parviennent à cacher qu'ils en sont, ils les démasquent volontiers, moins pour leur nuire, ce qu'ils ne détestent pas, que pour s'excuser, et allant chercher, comme un médecin l'appendicite, l'inversion jusque dans l'histoire, ayant plaisir à rappeler que Socrate était l'un deux, comme les Israélites disent que Jésus était juif, sans songer qu'il n'y avait pas d'anormaux quand l'homosexualité était la norme, pas d'antichrétiens avant le Christ, que l'opprobre seul fait le crime, parce qu'il n'a laissé subsister que ceux qui étaient réfractaires à toute prédication, à tout exemple, à tout châtiment, en vertu d'une disposition innée tellement spéciale qu'elle répugne plus aux autres hommes (encore qu'elle puisse s'accompagner de hautes qualités morales) que certains vices qui y contredisent comme le vol, la cruauté, la mauvaise foi, mieux compris, donc plus excusés du commun des hommes; formant une franc-maçonnerie bien plus étendue, plus efficace et moins soupçonnée que celle des loges, car elle repose sur une identité de goûts, de besoins, d'habitudes, de dangers, d'apprentissage, de savoir, de trafic, de glossaire, et dans laquelle les membres mêmes qui souhaitent de ne pas se connaître, aussitôt se reconnaissent à des signes naturels ou de convention, involontaires ou voulus …

»Sodome et Gomorrhe I«- p. 1221.

Les hermaphrodites

nfin, l'inversion elle-même venant de ce que l'inverti se rapproche trop de la femme pour pouvoir avoir des rapports utiles avec elle, se rattache par là à une loi plus haute qui fait que tant de fleurs hermaphrodites restent infécondes, c'est-à-dire à la stérilité de l'autofécondation. Il est vrai que les invertis à la recherche d'un mâle se contentent souvent d'un inverti aussi efféminé qu'eux. Mais il suffit qu'ils n'appartiennent pas au sexe féminin, dont ils ont en eux un embryon dont ils ne peuvent se servir, ce qui arrive à tant de fleurs hermaphrodites et même à certains animaux hermaphrodites, comme l'escargot, qui ne peuvent être fécondés par eux-mêmes, mais peuvent l'être par d'autres hermaphrodites. Par là les invertis, qui se rattachent volontiers à l'antique Orient ou à l'âge d'or de la Grèce, remonteraient plus haut encore, à ces époques d'essai où n'existaient ni les fleurs dioïques ni les animaux unisexués, à cet hermaphroditisme initial dont quelques rudiments d'organes mâles dans l'anatomie de la femme et d'organes femelles dans l'anatomie de l'homme semblent conserver la trace.

»Sodome et Gomorrhe I«- p. 1230.

ar les deux anges qui avaient été placés aux portes de Sodome pour savoir si ses habitants, dit la Genèse, avaient entièrement fait toutes ces choses dont le cri était monté jusqu'à l'Eternel, avaient été, on ne peut que s'en réjouir, très mal choisis par le Seigneur, lequel n'eût dû confier la tâche qu'à un Sodomiste. Celui-là, les excuses: »Père de six enfants, j'ai deux maîtresses, etc.« ne lui eussent pas fait abaisser bénévolement l'épée flamboyante et adoucir les sanctions; il aurait répondu:

»Oui, et ta femme souffre les tortures de la jalousie. Mais même quand ces femmes n'ont pas été choisies par toi à Gomorrhe, tu passes tes nuits

avec un gardeur de troupeaux de l'Hébron.« Et il l'aurait immédiatement fait rebrousser chemin vers la ville qu'allait détruire la pluie de feu et de souffre. Au contraire, on laissa s'enfuir tous les Sodomistes honteux, même si, apercevant un jeune garçon, ils détournaient la tête, comme la femme de Loth, sans être pour cela changés comme elle en statues de sel. De sorte qu'ils eurent une nombreuse postérité chez qui ce geste est resté habituel, pareil à celui des femmes débauchées qui, en ayant l'air de regarder un étalage de chaussures placées derrière une vitrine, retournent la tête vers un étudiant.

»Sodome et Gomorrhe I«- p. 1231-1232.

LA MORT

Albertine morte

L'élan de ces souvenirs si tendres, venant se briser contre l'idée qu'Albertine était morte, m'oppressait par l'entrechoc de flux si contrariés que je ne pouvais rester immobile; je me levais, mais tout d'un coup je m'arrêtais, terrassé; le même petit jour que je voyais au moment où je venais de quitter Albertine, encore radieux et chaud de ses baisers, venait tirer au-dessus des rideaux sa lame maintenant sinistre dont la blancheur froide, implacable et compacte entrait, me donnant comme un coup de couteau.

»**Albertine disparue**«- **p. 1966-1967.**

L'heure de la mort

Nous disons bien que l'heure de la mort est incertaine, mais quand nous disons cela, nous nous représentons cette heure comme située dans un espace vague et lointain, nous ne pensons pas qu'elle ait un rapport quelconque avec la journée déjà commencée et puisse signifier que la mort – ou sa première prise de possession partielle de nous, après laquelle elle ne nous lâchera plus – pourra se produire dans cet après-midi même, si peu incertain, cet après-midi où l'emploi de toutes les heures est réglé d'avance. On tient à sa promenade pour avoir dans un mois le total de bon air nécessaire, on a hésité sur le choix du manteau à emporter, du cocher à appeler, on est en fiacre, la journée est toute entière devant vous, courte, parce qu'on veut être rentré à temps pour recevoir une amie; on voudrait qu'il fît aussi beau le lendemain; et on ne se doute pas que la mort qui cheminait en vous dans un autre plan, a choisi précisément ce jour-là pour entrer en scène, dans quelques minutes, à peu près à l'instant où la voiture atteindra les Champs-Elysées.

Peut-être ceux que hante d'habitude l'effroi de la singularité particulière à la mort, trouveront-ils quelque chose de rassurant à ce genre de mort-là – à ce genre de premier contact avec la mort – parce qu'elle y revêt une apparence connue, familière, quotidienne.

Un bon déjeuner l'a précédée et la même sortie que font des gens bien portants.

»Le Côté de Guermantes II«- p. 990.

212

Résistance à la mort

– la résistance à la mort, la longue résistance désespérée et quotidienne à la mort fragmentaire et successive telle qu'elle s'insère dans toute la durée de notre vie, détachant de nous à chaque moment des lambeaux de nous-mêmes sur la mortification desquels des cellules nouvelles multiplieront.

»A l'ombre des jeunes filles en fleurs«.

Après la mort

spérons qu'après la mort ce sera mieux arrangé. Au moins on n'aura toujours pas besoin de se décolleter. Et encore qui sait? On exhibera peut-être ses os et ses vers pour les grandes fêtes. Pourquoi pas?

»Sodome et Gomorrhe II«- p. 1273-1274.

Morts successives

ourir n'était pas quelque chose de nouveau, mais au contraire depuis mon enfance j'étais déjà mort bien des fois.

»Le Temps retrouvé«- p. 2393.

Les pauvres morts

'est que longtemps après que les pauvres morts sont sortis de nos cœurs, leur poussière indifférente continue à être mêlée, à servir d'alliage, aux circonstances du passé.
»**Le Temps retrouvé**«- **p. 2373.**

La mort des autres

a mort des autres est comme un voyage que l'on ferait soi-même et où on se rappelle, déjà à cent kilomètres de Paris, qu'on a oublié deux douzaines de mouchoirs, de laisser une clef à la cuisinière, de dire adieu à son oncle, de demander le nom de la ville où est la fontaine ancienne qu'on désire voir.

Cependant que tous ces oublis qui vous assaillent et qu'on dit à haute voix, par pure forme, à l'ami qui voyage avec vous, ont pour seule réplique la fin de non-recevoir de la banquette, le nom de la station crié par l'employé et qui ne fait que nous éloigner davantage des réalisations désormais impossibles, si bien que renonçant à penser aux choses irrémédiablement omises, on défait le paquet de victuailles et on échange les journaux et les magazines.
»**La Prisonnière**«- **p. 1753.**

L'aura de vie après la mort

. . .   l'être ne meurt pas tout de suite pour nous, il reste baigné d'une espèce d'aura de vie qui n'a rien d'une immortalité véritable mais qui fait qu'il continue à occuper nos pensées de la même manière que quand il vivait. Il est comme en voyage. C'est une survie très païenne. Inversement, quand on a cessé d'aimer, les curiosités que l'être excite meurent avant que lui-même soit mort.

»Albertine disparue«- p. 1988.

L'étrangère

*U*ne étrangère a élu domicile dans mon cerveau. Elle allait, elle venait; bientôt d'après tout le train qu'elle menait, je connus ses habitudes. D'ailleurs, comme une locataire trop prévenante, elle tient à engager des rapports directs avec moi. Je fus surpris de voir qu'elle n'était pas belle.

J'avais toujours cru que la Mort l'était.

»Essais et articles dans Contre Sainte-Beuve - Pléiade«- p. 606.

Les grandes maladies

Mais il est rare que ces grandes maladies, telles que celle qui venait enfin de la frapper en plein visage, n'élisent pas pendant longtemps domicile chez le malade avant de le tuer, et durant cette période ne se fassent pas assez vite, comme un voisin ou un locataire »liant«, connaître de lui. C'est une terrible connaissance, moins par les souffrances qu'elle cause que par l'étrange nouveauté des restrictions définitives qu'elle impose à la vie. On se voit mourir, dans ce cas, non pas à l'instant même de la mort, mais des mois, quelquefois des années auparavant, depuis qu'elle est hideusement venue habiter chez nous. La malade fait la connaissance de l'étranger qu'elle entend aller et venir dans son cerveau. Certes elle ne le connaît pas de vue, mais des bruits qu'elle entend régulièrement faire elle déduit ses habitudes. Est-ce un malfaiteur? Un matin, elle ne l'entend plus. Il est parti. Ah! Si c'était pour toujours! Le soir, il est revenu. Quels sont ses desseins? Le médecin consultant, soumis à la question, comme une maîtresse adorée, répond par des serments tel jour crus, tel jour mis en doute. Au reste, plutôt que celui de la maîtresse, le médecin joue le rôle de serviteurs interrogés. Ils ne sont que des tiers. Celle que nous pressons, dont nous soupçonnons qu'elle est sur le point de nous trahir, c'est la vie elle-même, et malgré que nous ne la sentions plus la même, nous croyons encore en elle, nous demeurons en tout cas dans le doute jusqu'au jour qu'elle nous a enfin abandonnés.

»Le Côté de Guermantes II«- p. 991-992.

Bergotte - mort à jamais?

À jamais? Qui peut le dire? Certes, les expériences spirites pas plus que les dogmes religieux n'apportent de preuve que l'âme subsiste. Ce qu'on peut dire, c'est que tout se passe dans notre vie comme si nous y entrions avec le faix d'obligations contractées dans une vie antérieure; il n'y a aucune raison dans nos conditions de vie sur cette terre pour que nous nous croyions obligés à faire le bien, à être délicats, même à être polis, ni pour l'artiste athée à ce qu'il se croie obligé de recommencer vingt fois un morceau dont l'admiration qu'il excitera importera peu à son corps mangé par les vers, comme le pan de mur jaune que peignit avec tant de science et de raffinement un artiste à jamais inconnu, à peine identifié sous le nom de Ver Meer.

Toutes ces obligations qui n'ont pas leur sanction dans la vie présente semblent appartenir à un monde différent, fondé sur la bonté, le scrupule, le sacrifice, un monde entièrement différent de celui-ci, et dont nous sortons pour naître à cette terre, avant peut-être d'y retourner, revivre sous l'empire de ces lois inconnues auxquelles nous avons obéi parce que nous en portions l'enseignement en nous, sans savoir qui les y avait tracées, ces lois dont tout le travail profond de l'intelligence nous rapproche et qui sont invisibles seulement – et encore! – pour les sots.

De sorte que l'idée que Bergotte n'était pas mort à jamais est sans invraisemblance.

On l'enterra, mais toute la nuit funèbre, aux vitrines éclairées, ses livres, disposés, trois par trois, veillaient comme des anges aux ailes éployées et semblaient pour celui qui n'était plus, le symbole de sa résurrection.
»La Prisonnière«- p. 1743-1744.

Deuil

E t dans le téléphone tout d'un coup m'est arrivé sa pauvre voix brisée, meurtrie, à jamais une autre que celle qu'elle avait toujours, pleine de fêlures et de fissures; et c'est en recueillant dans le récepteur les morceaux sanglants et brisés que j'ai eu pour la première fois la sensation atroce de ce qui s'était brisé en elle.
»Correspondance- t. III – Lettre à Bibesco – 4 décembre 1902«.

– comme les morts n'existent plus qu'en nous, c'est nous-mêmes que nous frappons sans relâche quand nous nous obstinons à nous souvenir des coups que nous leur avons assenés.
»Sodome et Gomorrhe«- p. 1329

Expressions
Traits - Saillies - Métaphores

»C'est à la totalité que tend chaque phrase ...«
Bernard Raffali, dans introduction »A la Recherche du Temps perdu« – Editions Bouquins – p. LXXX VIII.

La vue des êtres et des choses le plongeait dans une sorte d'hébétude, de transe, où se révélaient non pas leurs petites caractéristiques accidentelles, mais leur essence la plus intime. Si bien que l'on pouvait dire de lui ce qu'on dit de Goethe, qu'il était un *»mystique voué à la contemplation de l'extériorité«*.
Georges Cattaui »L'amitié de Proust«.

C'est un style fatigant, mais pas pour l'esprit.
La clarté de la phrase est composée d'une série d'accumulations et d'explosions: la fatigue que l'on éprouve est une fatigue du cœur, une anémie du sang. Au bout d'une heure, ce n'est pas l'hébétude mais l'épuisement et la colère qui vous gagnent, submergé, anéanti que vous êtes par l'écume et le déferlement d'une métaphore après l'autre. Le reproche fait à ce style d'être alambiqué, plein de périphrases, obscur et impossible à suivre, est absolument sans fondement.
Samuel Becket – Proust, p. 101.

Ce n'est point dans les caractères généraux, l'exposé des idées, le sujet, que réside l'originalité véritable de l'artiste, mais dans certains traits particuliers, certains nombres, certaines fréquences qui n'appartiennent qu'à lui, dans l'ordre et le choix enfin de certains vocables en qui résonnent les harmoniques de sa nature.
Georges Cattaui – L'amitié de Proust, NRF 1935 – p. 17.

Expressions - descriptions - métaphores

Vivre dans l'effervescence de la création.
»A l'ombre des jeunes filles en fleurs« - p. 357«

Avoir la brûlante certitude des grands créateurs.
»A l'ombre des jeunes filles en fleurs« - p. 358«

... les remous concentriques d'un sourire de reconnaissance anticipée.
»Du côté de chez Swann – Combray, II« - p. 51.

... algèbre de la sensibilité.
»Albertine disparue«- p. 1995.

... les intermittences du cœur.
»Sodome et Gomorrhe«- p. 1323.

... le kaléidoscope de l'obscurité.
»Du côté de chez Swann – Combray, I«- p. 14.

Seigneur,   que   de   vertus   vous   nous   faites   haïr!
« Du côté de chez Swann – Combray I - p. 31.

atteindre..., à une sorte de puberté du chagrin, d'émancipation des larmes.
» Du côté de chez Swann – Combray I« - p. 39.

Madame sait tout : Madame est pire que les rayons X.
»Du côté de chez Swann – Combray, II«- p. 51.

Vous n'êtes même pas en pierre, qui peut être sculptée, si elle a de la chance de rencontrer un sculpteur ..., vous êtes en eau, en eau banale, insaisissable, incolore, fluide, sempiternellement inconsistante, aussi vite écoulée que coulée.
»Lettre à Nathmias – Kolb – tome XI«- p. 189-190.

Tu es une eau informe qui coule selon la pente qu'on lui offre, un poisson sans mémoire et sans réflexion qui, tant qu'il vivra dans son aquarium, se heurtera cent fois par jour contre le vitrage qu'il continuera à prendre pour de l'eau.
»Un Amour de Swann«- p. 235.

Etre sublime de bourgeoisie.
»Un Amour de Swann«- p. 232.

une jolie bourgeoise pieuse et sèche.
»Du côté de chez Swann – Combray, II«- p. 73.

le sentiment de l'existence comme il peut frémir au fond d'un animal.
»Du côté de chez Swann – Combray, I«- p. 15.

être presque solennellement froid avec quelqu'un.

la chasteté du silence …
»Le côté de Guermantes I«- p. 805.

presser la plénitude du silence.
»Le côté de Guermantes I«- p. 138.

le vent grandissait. Il était tout hérissé et grenu d'une approche de neige.
»Le côté de Guermantes I«- p. 820.

… déborder d'une intelligence inutile.
»Albertine disparue«- p. 1925.

le bœuf froid aux carottes fit son apparition, couché par le Michel-Ange de notre cuisine sur d'énormes cristaux de gelée pareils à des blocs de quartz transparent.
»A l'ombre des jeunes filles en fleurs«- p. 367.

un couloir tout embaumé à distance des essences précieuses qui exhalaient sans cesse du cabinet de toilette leurs effluves odoriférantes.
»A l'ombre des jeunes filles en fleurs«- p. 407.

un bonjour dédaigneusement amical.
»Sodome et Gomorrhe«- p. 1285.

un remerciement d'une ardeur réfrigérante

... être ennuyeux comme la pluie.
»A l'ombre des jeunes filles en fleurs«- p. 447.

faire catleya.
(cf. Récit »le bouquet de Catleyas«– Du côté de chez Swann).

... être vues leur semblait ajouter de la perversité à leur plaisir, elles voulaient faire baigner leurs dangereux ébats dans les regards de tous.
»Sodome et Gomorrhe«- p. 1391.

... les espaces intérieurs où l'artiste s'est abstrait pour créer.
»A l'ombre des jeunes filles en fleurs«- p. 513.

fin de repas..., moment sordide où les couteaux traînent sur la nappe à côté des serviettes défaites.
»A l'ombre des jeunes filles en fleurs«- p. 550.

Il me répondit d'un air émerveillé et ravi, ses deux yeux continuant à s'agiter comme s'il y avait de la luzerne défendue à brouter de chaque côté.
»Sodome et Gomorrhe II«- p. 1243.

— les enfants, faiseurs d'embarras.
»A l'ombre des jeunes filles en fleurs«- p. 559.

une tristesse morbide capable de donner la fièvre du suicide.
»Un Amour de Swann«- p. 227.

Swann souffrant d'un eczéma ethnique et de la constipation des Prophètes.
»Du côté de chez Swann«- p. 325.

... ma mère avait la désolation sans pensée d'un feuillage que cingle la pluie et retourne le vent.
»Le côté de Guermantes« - p. 1013

... sangloter d'amabilité.

... le négligé de la saison.
»Un Amour de Swann«- p. 181.

... tous les pommiers de Normandie sont venus se profiler en style japonais pour halluciner les heures que vous passez au lit.
» Le Temps retrouvé«- p. 2131.

... le clair de lune empêche les feuilles de bouger – c'est le bois de Boulogne tombé en catalepsie.
»A l'ombre des jeunes filles en fleurs«- p. 425.

Le soleil était déjà installé sur les toits comme un couvreur matinal qui commence tôt son ouvrage et l'accomplit en silence pour ne pas réveiller la ville qui dort encore et de laquelle l'immobilité le fait paraître plus agile.
»A l'ombre des jeunes filles en fleurs«- p. 531.

le pépiement matinal des oiseaux.
»Le côté de Guermantes«- p. 753.

Bientôt les nuits raccourcirent, et avant les heures anciennes du matin, je voyais déjà dépasser des rideaux de ma fenêtre la blancheur quotidiennement accrue du jour.
»La Prisonnière«- p. 1895.

... un village nocturne aux toits bleus de clair de lune, avec un lavoir encrassé de la nacre opaline de la nuit, sous un ciel encore semé de toutes ses étoiles ___
»A l'ombre des jeunes filles en fleurs«- p. 521.

le triste vide de la plage, parcouru par le vent inquiet du soir.
»A l'ombre des jeunes filles en fleurs«- p. 633.

Que le jour est lent à mourir par ces soirs démesurés de l'été.
»Albertine disparue«- p. 1966.

... la cendre des saisons.
»Albertine disparue«- p. 1970.

... n'inviter quelqu'un qu'en cure-dents.
»Un Amour de Swann«- p. 215.

... les mailles d'habitudes mentales.
»Un Amour de Swann«- p. 277.

assaisonner les médisances de plaisanteries connues, d'une petite pointe
d'émotion et de cordialité.

la démarcation immatérielle qui sépare à quelques mois de distance une
tête d'amant de cœur et une tête de cocu.
»Un Amour de Swann«- p. 258.

... le vestiaire de la mémoire.
»Du côté de chez Swann«- p. 282.

... dans le crépuscule d'un rêve.
»Un Amour Swann«- p. 302.

... des paroles pénétrant dans les ondes du sommeil.

se rencogner avec l'incuriosité, dans l'engourdissement du voyageur
ensommeillé qui rabat son chapeau sur ses yeux pour dormir dans le
wagon qu'il sent l'entraîner de plus en plus vite, loin du pays où il a si
longtemps vécu___
»Un Amour Swann«- p. 302.

... volupté hystérique de mentir –
»A l'ombre des jeunes filles en fleurs«- p. 589.

... un taureau androcéphale –
»A l'ombre des jeunes filles en fleurs«- p. 611.

... un herborisateur humain –
»Sodome et Gomorrhe«- p. 1230.

... un botaniste moral –
»Sodome et Gomorrhe«- p. 1230.

Car il n'avait pas subi la déchéance de son frère, réduit à saluer avec une politesse de malade oublieux ceux qu'il eût jadis dédaignés.
»Le Temps retrouvé«- p. 2363.

Notre imagination étant comme un orgue de Barbarie détraqué qui joue toujours autre chose que l'air indiqué ...
»Le côté de Guermantes I«- p. 778.

Les yeux mourants vivaient relativement, par contraste avec ce terrible masque ossifié, et brillaient faiblement comme un serpent endormi au milieu des pierres.
»Le Temps retrouvé«- p. 2363.

... sourire avec une douceur caressante.
»A l'ombre des jeunes filles en fleurs«- p. 431.

adresser à quelqu'un ... les mille sourires entendus que nous adressons à une vieille connaissance qui peut-être ne nous reconnaît pas.
»Le côté de Guermantes II«- p. 1073.

... un sourire de félicitations.
»A l'ombre des jeunes filles en fleurs«- p. 364.

... le plaisir qu'elle avait à nous être désagréable.
»A l'ombre des jeunes filles en fleurs«- p. 552.

... j'avais vu la princesse de Luxembourg acheter des petits pains de seigle sur la plage pour en donner à ma grand-mère, comme à une biche du Jardin d'Acclimatation.
»Le côté de Guermantes II«- p. 1074.

... dès que Swann eut, en serrant la main de la marquise, vu sa gorge de tout près et de haut, il plongea un regard attentif, sérieux, absorbé, presque soucieux, dans les profondeurs de son corsage, et ses narines, que le parfum de la femme grisait, palpitèrent comme un papillon prêt à aller se poser sur la fleur entrevue.
»Sodome et Gomorrhe«- p. 1290.

Mon corps ne se piquant pas de philosophie
»A l'ombre des jeunes filles en fleurs«- p. 397.

une pensée silencieusement remuée
»A l'ombre des jeunes filles en fleurs«- p. 677.

Ses yeux étaient beaux, mais si grands qu'ils fléchissaient sous leur propre masse, fatiguaient le reste de son visage et lui donnaient toujours l'air d'avoir mauvaise mine ou d'être de mauvaise humeur.
»Un amour de Swann«- p. 163.

M. de Charlus gardait d'une façon presque constante un sourire sans direction déterminée ni destination particulière, et qui, préexistant de la sorte aux saluts des arrivants, se trouvait, quand ceux-ci entraient dans sa zone, dépouillé de toute signification d'amabilité pour eux.
»Le côté de Guermantes«- p. 952.

Sa conversation n'était qu'un graillonnement indistinct duquel émergeaient de temps en temps des vocables dont il se sentait sûr.
»Du côté de chez Swann – Un Amour de Swann«- p. 169.

... une incessante et fictive hilarité.
»Un amour de Swann«- p. 170.

... suggestionner du regard.
»Un amour de Swann«- p. 171.

... il donnait alors à ses paroles un ton ironique comme s'il n'adhérait pas tout entier à ce qu'il disait.
»Un amour de Swann«- p. 174.

... au lieu de me rendre mon baiser, elle s'écarta avec l'espèce d'entêtement instinctif et néfaste des animaux qui sentent la mort.
 »La Prisonnière«- p. 1903.

Chercher la petite bête et s'égarer dans des pointes d'aiguilles.
»Un amour de Swann«p. 176.

Un homme de génie peut être le cousin d'une vieille bête.
»Un amour de Swann«p. 177.

Elle tendait à mes lèvres son triste front pâle et fade sur lequel, à cette heure matinale, elle n'avait pas encore arrangé ses faux cheveux, où les vertèbres transparaissaient comme les pointes d'une couronne d'épines ou les graines d'un rosaire.
»Du côte de chez Swann – Combray, II«- p. 50.

Un beau regard... qui scintille encore mais ainsi dire à vide.
»Le Temps retrouvé«- p. 2368.

... la princesse de Luxembourg nous avait tendu la main et, de temps en temps, tout en causant avec la marquise, elle se détournait pour poser de doux regards sur ma grand-mère et sur moi, avec cet embryon de baiser qu'on ajoute au sourire quand celui-ci s'adresse à un bébé avec sa nounou.
»A l'ombre des jeunes filles en fleurs«- p. 554.

Et cependant, la supposition que je pourrais un jour être l'ami de telle ou telle de ces jeunes filles, que ces yeux dont les regards inconnus me frappaient parfois en jouant sur moi sans le savoir comme un effet de soleil sur un mur, pourraient jamais par une alchimie miraculeuse, laisser transpénétrer entre leurs parcelles ineffables l'idée de mon existence, quelque amitié pour ma personne, que moi-même je pourrais un jour prendre place entre elles, dans la théorie qu'elles déroulaient le long de la mer, – cette supposition me paraissait enfermer en elle une contradiction aussi insoluble, que si devant quelque frise antique ou quelque fresque

figurant un cortège, j'avais cru possible, moi spectateur, de prendre place, aimé d'elles, entre les divines processionnaires...
»A l'ombre des jeunes filles en fleurs«- p. 627.

la splendide gratuité des grands chefs-d'œuvre.
»Le côté de Guermantes«.

le nervosisme est un pasticheur de génie.
»Le côté de Guermantes«- p. 980.

... peut-être certains chefs-d'œuvre ont-ils été composés en baillant.
»A l'ombre des jeunes filles en fleurs«- p. 637.

... il a pris la raideur hautaine et compensatrice, commune à toutes les personnes qu'une disgrâce particulière oblige à faire perpétuellement des avances.
»Le côté de Guermantes«.

Je regardais M. de Charlus. La houppette de ses cheveux gris, son œil dont le sourcil était relevé par le monocle et qui souriait, sa boutonnière en fleurs rouges, formaient comme les trois sommets mobiles d'un triangle convulsif et frappant.
»Le côté de Guermantes«- p. 952.

... le grondement de mes nerfs.
»A l'ombre des jeunes filles en fleurs«- p. 639.

... un regard songeur restant fixé avec application dans le vide.
»**A l'ombre des jeunes filles en fleurs**«- **p. 646.**

ses longs yeux bleus... semblaient être passés à l'état liquide.
»**La Prisonnière**«– **p. 1616.**

une splendide jeune fille ..., qui avait une chair de magnolia.
»**Sodome et Gomorrhe**«– **p. 1421.**

... j'étais vivifié, fût-ce pour quelques instants, par les exaltantes vertus de
la solitude.
»**La Prisonnière**«– **p. 1621.**

... la pleine mer du sommeil profond.
»**La Prisonnière**«– **p. 1656.**

parcourir les artères de la cité souterraine.
»**Sodome et Gomorrhe**«– **p. 1330.**

... quand du fond du sommeil elle remontait les derniers degrés de
l'escalier des songes.
»**La Prisonnière**«– **p. 1658.**

ce qui fait de la vie amoureuse la plus contrastée de toutes, celle où la
pluie imprévisible de soufre et de poix tombe après les moments les plus
riants ...
»**La Prisonnière**«– **p. 1662.**

faire à quelqu'un une visite de digestion.
»Le Temps retrouvé«– p.2369.

Que voulez-vous mon cher, Anaxagore l'a dit, la vie est un voyage.
»La Prisonnière«– p. 1741.

»avoir un cœur d'artichaut«.
»Sodome et Gomorrhe«- p. 1215.

lancer à quelqu'un de longs regards langoureux.
»Sodome et Gomorrhe«– p. 1301.

faire luire vers quelqu'un des regards chargés de mémoire.
»Sodome et Gomorrhe II«– p. 1398.

une ascension tourmentée dans les spirales de mon angoisse solitaire.
»Sodome et Gomorrhe II«– p. 1308.

s'alcooliser avec du Zola et se faire des piqûres de Verlaine.
»Sodome et Gomorrhe II«– p. 1475.

une inquiétude..., où je sentais frémir comme une anticipation de longues
souffrances.
»Sodome et Gomorrhe II«– p. 1310.

obéir à la souffrance.
»Sodome et Gomorrhe «– p. 1317.

236

Chaque fois qu'elle parlait esthétique ses glandes salivaires, comme celles de certains animaux au moment du rut, entraient dans une phrase d'hypersécrétion telle que la bouche édentée de la vieille dame laissait passer au coin des lèvres légèrement moustachues, quelques gouttes dont ce n'était pas la place.
»**Sodome et Gomorrhe** «– p. 1366.

... la voix pleine de cicatrices (qu'avait laissées l'extirpation sur l'une, de nombreux boutons, sur l'autre des divers accents dus à des origines lointaines et à une enfance cosmopolite).
»**A l'ombre des jeunes filles en fleurs**«- p. 526.

son visage pleurait sans larmes.
»**Le côté de Guermantes II**«– p. 993.

effacer de sa figure le sanglot qui la plissait.
»**Le côté de Guermantes II**«– p. 993.

le ciseau d'un baiser, d'un sanglot ou d'un sourire.
»**Le côté de Guermantes II**«– p. 997.

... et n'ayant plus cette sueur dont Françoise m'avait mouillé en me disant: »Mademoiselle Albertine est partie.«
»**Albertine disparue**«- p. 1930.

laissons les jolies femmes aux hommes sans imagination.
»**Albertine disparue**«- p. 1935.

... prélever un mot de chaque phrase ... et en faire une accablante réponse.
»Albertine disparue«- p. 1938.

... la présence d'Odette continuait d'ensemencer le cœur de Swann de tendresses et de soupçons alternés.
»Un Amour de Swann«- p. 297.

une flotte de souvenirs venus croiser en moi dans ma plus claire conscience.
»Albertine disparue«- p. 1971.

... les gisements profonds de mon sol mental.
»Du Côté de chez Swann – Combray, II«- p. 151.

... un souvenir dissous dans la fluide et invisible étendue de ma mémoire, qui se cristallisait.
»Albertine disparue«- p. 1973.

... l'image m'avait été plus récemment rendue par la saveur.
»Du côté de chez Swann – Combray, II«- p. 153.

... les rues obscures du sommeil.
»Albertine disparue «- p. 1974.

faire corps avec notre propre vie.
»Albertine disparue«- p. 2012.

... car presque tous mes souvenirs d'elle étaient entrés dans ce second état chimique où ils ne causent plus d'anxieuse oppression au cœur, mais de la douceur.
»Albertine disparue«- p. 2025.

Nulle part il ne germe autant de fleurs, s'appelassent-elles des »ne m'oubliez pas«, que dans un cimetière.
»Albertine disparue«- p. 2026.

un atavisme de rapacité et de vulgarité provinciale.
»A l'ombre des jeunes filles en fleurs«- p. 702.

... une tendresse de seconde main.
»Albertine disparue«- p. 2053.

parler de quelqu'un en paroles appliquées, sans souffrance profonde.
»Albertine disparue«- p. 2053.

prendre la main de quelqu'un avec un attendrissement d'ivrogne.
»A l'ombre des jeunes filles en fleurs«- p. 589.

elle appartenait à la variété la plus répandue des autruches humaines, celles qui cachent leur tête dans l'espoir, non de ne pas être vues, ce qu'elles croient peu vraisemblable, mais de ne pas voir qu'on les voit, ce qui leur paraît déjà beaucoup et leur permet de s'en remettre à la chance pour le reste.
»Albertine disparue«- p. 2046.

Il y avait maintenant chez elle, à fleur de peau, une sorte d'aigre inquiétude, prête à s'amasser comme à la mer un »grain«...
»La Prisonnière«- p. 1646.

Je refaisais perpétuellement le raisonnement qui donnait raison à mon inquiétude et celui qui lui donnait tort et me rassurait, sur un espace aussi exigu que le malade qui palpe sans arrêter, d'un mouvement interne, l'organe qui le fait souffrir, s'éloigne un instant du point douloureux, pour y revenir l'instant d'après.
»La Prisonnière«- p. 1905.

ayant passé d'une débauche presque infantile à la continence absolue datant du jour où il avait pensé au quai d'Orsay et voulu faire une grande carrière, il avait l'air d'une bête en cage, jetant dans tous les sens des regards qui exprimaient la peur, l'appétence et la stupidité.
La sienne était telle qu'il ne réfléchissait pas que les voyous de son adolescence n'étaient plus des gamins et que, quand un marchand de journaux lui criait en plein nez: »La Presse!«plus encore que de désir il frémissait d'épouvante, se croyant reconnu et dépisté.
»Sodome et Gomorrhe«- p. 1242-1243.

CONCLUSION

Nous terminons cette Anthologie non sans une certaine note d'amertume.

Une Anthologie répond en effet à un choix de textes dicté par les profondeurs de nos spiritualités respectives. Ce choix est donc essentiellement subjectif et partant, nécessairement arbitraire. Dans le fleuve immense que Proust nous fait traverser, les torrents d'idées sont innombrables, tout comme sont innombrables les vagues permanentes d'élucidation.

Nous avons du opter pour certaines, laisser de côté d'autres. Une entreprise téméraire et douloureuse.

L'œuvre de Proust est d'une telle inouïe beauté et d'une profondeur si vertigineuse qu'à chaque fois qu'on ose omettre une pensée, on se sent aussitôt bête et ingrat. Mais l'Anthologie n'est pas l'œuvre intégrale. Elle ne se veut qu'introductive et invitation à tous ceux qui désirent être initiés à cet univers unique qui relève des Mille et une Nuits. Le lecteur fera connaissance de l'un des plus grands géniteurs de l'humanité.

Catteau dans son livre sur Dostoïevski les appelle écrivains saisis d'une rage fécondatrice, qui n'hésitent pas à créer des univers nouveaux, concurrents du monde réel et pourtant de la même texture, de la même chair, des univers encombrants à la fois conscience et rédemption esthétique du siècle. Il est fantastique de s'y aventurer.»Une algèbre de la sensibilité«– »une alchimie de l'âme«... On ne se lasse jamais de lire car ainsi que le relève Proust, le lecteur ne lit en définitive que dans son propre livre qu'il n'avait jamais songé à ouvrir, et dont il ignorait jusqu'à l'existence.

Gaston Vogel.

BIBLIOGRAPHIE

- Proust   A la Recherche du Temps perdu
         Quarto Gallimard – texte établi sous la direction
         de Jean-Yves Tadié -
         Edition en un volume 1999.

- Proust   A la Recherche du Temps perdu
         - du côté de chez Swann
         - à l'ombre des jeunes filles en fleurs
         - le Côté de Guermantes
         - Sodome et Gomorrhe
         Robert Laffont – Bouquins – édition 1987.

- Abraham Pierre Proust – »Maîtres des Littératures«–
         Les Editions Rieder Paris 1930.

- Milivoje Pejovic Proust et Dostoïevski
         Etude d'une thématique commune
         Lit. Nizet – Paris 1987.

- Samuel Beckett Proust – Editions de Minuit.

- Benoist Mechin Retour à Marcel Proust – Pierre Amiot.

- Benjamin Crémieux Du côté de Marcel Proust – Lemarget 1929.

- Jean-François Revel Sur Proust – Les Cahiers Rouges- Grasset 1987.

- Georges Cattaui L'amitié de Proust – NRF – Gallimard 1935.
         Marcel Proust – Julliard 1953.

- Gilles Deleuze   Proust et les signes – Quadrige – PUF.
                                     1996.

- Ghislain de Diesbach   Proust – Perrin 1991.

- Léon Pierre-Quint   Marcel Proust, sa vie, son œuvre – Kra
                                     1925.
                                     Après le Temps Retrouvé – Le Comique
                                     et le Mystère chez Proust –Kra 1928.

- Christian Péchenard   Proust à Cabourg – Quai Voltaire – Edi
                                     ma 1992.

- Jean-Yves Tadié   Marcel Proust – NRF – Gallimard 1996.

- Marcel Proust   Zwischen Belle Epoque und Moderne –
                                     Reiner Speck et Michael Maer – Suhrk
                                     amp Verlag 1999.

- Hommage à Marcel Proust   NRF.- 01.01.1923.

- Bergson - Philippe Soulez – Frédéric Worms – Flammarion 1997.

- George D. Painter   Marcel Proust – 1871-1922 –
                                     Mercure de France 1992.

- Pietro Citati   »La Colombe poignardée«– Proust et
                                     à la Recherche – Gallimard 1997.

Table des matières

La pagination des extraits cités repose sur l'édition en un volume Quarto publié par Gallimard en 1999.

252

Biographie de l'auteur

Maître Gaston VOGEL est né le 9 octobre 1937 à Walferdange.
Il a eu son doctorat en droit en 1962 et depuis il exerce comme avocat à la Cour au Barreau de Luxembourg.

Il est par ailleurs conférencier en philosophie, religion et littérature.
Il a enseigné durant une dizaine d'années à l'Athénée Grand-ducale l'histoire de l'Inde, de la Chine et du Japon. Voyageur infatigable dans les pays d'Orient, il a ramené de ses nombreux périples des photos d'une grande qualité dont une part a été publiée récemment dans son livre "Au pays du jade".

Il est l'auteur de toute une série d'ouvrages juridiques. Ainsi, il a mis au point des Pandectes volumineux sur le droit pénal, la procédure civile.

Il a publié récemment aux éditions Larcier une Encyclopédie de droit judiciaire, un traité sur le divorce, un essai sur l'expropriation pour cause d'utilité publique.
Spécialiste en cultures orientales, il a publié un livre sur le Bouddhisme.

Amoureux de littérature, il a écrit un plaidoyer pour Nietzsche. Très critique en chose religieuse, il s'est intéressé de près à l'histoire du christianisme
(— Pour Jésus, le parent pauvre du christianisme, — le Pâturage).

Tout récemment, il a publié la "Tourmente judiciaire", ouvrage très critique sur l'administration de la justice. Ce livre est devenu le best-seller de l'année 2010.